한자지도사 자격시험대비서

한자 지도사 편람

박건호 편저

분해조립식한자

조자원리를 파악하기만 하면
이제부터는 단지 기본글자들을
하나 둘, 셋씩 더하거나 빼면서
새로운 뜻을 갖는
글자를 만들 수도 있고
또 아주 複雜해 보이는 글자라도
대충 그 글자가 무슨 뜻을 갖는지…

도서출판 한수

序 文

　여러분들에게 分解 組立式 漢字 學習方法을 소개할 수 있어서 참으로 다행으로 생각합니다. 무조건 외우던 학습방법에서 벗어나 한자를 분해하고 더하고 하는 과정을 통해서 한자가 외우기만 하면 되는 것이 아니라 서로 연관성이 많은 글자임을 깨닫게 되기를 바랍니다.

　어떤 언어든 알파벳부터 학습을 시작하지만 우리는 한자가 마치 알파벳이 없는 문자로 여겨 억지로라도 그림을 다 외워야 하는 것으로 착각했었습니다. 여러분들이 이 설명을 들으면서 비록 길지 않은 시간이지만 한자의 '造字原理'를 파악하게 될 것이며, 한자에도 알파벳이 있다는 사실을 깨닫게 될 것입니다. 그러나 영어나 우리글과 다르게 한자는 그 알파벳 역시 적지 않은 숫자입니다. 인구가 가장 많은 민족답게 그 기본 글자 역시 방대합니다. 암기력이 좋은 사람이 아니고서는 알파벳만 외우는데도 한계를 느낄 것입니다. 더군다나 한자는 그림글자이므로 조자원리가 없다면 천재가 아닌 한 글자를 다 알기란 아니 기본 글자를 다 아는 것조차도 불가능 할 것입니다. 따라서 반드시 한자의 '造字原理'를 이해하고 그리고 그 基本글자들을 온전히 숙지하는 것이 가장 우선해야 될 일임을 거듭 말씀드립니다.

　조자원리를 파악하기만 하면 이제부터는 단지 기본글자들을 하나 둘, 셋씩 더하거나 빼면서 새로운 뜻을 갖는 글자를 만들 수도 있고 또 아주 複雜해 보이는 글자라도 대충 그 글자가 무슨 뜻을 갖는지 이해할 수 있게 될 것입니다. 이러한 학습방법이야말로 한자를 쉽게 배울 수 있는 지름길일 뿐 아니라 이러한 과정을 통해 우리는 단순히 한자만 익히게 되는 것이 아니라 분해하고 조립되는 그 과정에서 應用力, 想像力, 推理力 등이 풍부해지게 되는 것입니다. 여러분들도 그러한 기적을 지금부터 체험하게 될 것입니다.

　강의 시간이 짧아 매우 아쉽지만, 전체적인 이해를 파악하고 槪要를 가늠하기에는 결코 적지 않은 분량이라고 생각합니다. 따라서 반복해서 시청하면서 한자가 어떻게 만들어졌는지에 대한 전체적인 윤곽을 온전히 把握하길 부탁드립니다. 그러한 기초 위에 한자 학습을 계속 이어 나간다면 틀림없이 有能한 한자지도사가 될 것으로 믿어 의심치 않는 바 입니다. 아무쪼록 강의를 즐겨 주시길 다시 한번 부탁드리며, 이 책과 강의가 나오기까지 물심양면으로 협조해 주신 한국능력교육개발원 관계자들께 심심한 감사를 드립니다.

분해조립식 한자의 창안자

박 건 호 식

目 次

사람편

1강	7
2강	13
3강	20
4강	30
5강	35
6강	43
7강	52
8강	68

삶편

1강	85
2강	99
3강	107
4강	119
5강	135
6강	146

자연편

1강	159
2강	167
3강	182
4강	194
5강	205

종합 테스트 ······ 217

답안지 및 문제해설 ······ 227

사람편 人

1강 1. 한자의 조자원리 파악 - 개요 설명

조자원리에 들어 있는 비밀

1. 객관적이어야 한다. - 주관적이어서는 안 된다.
2. 간단해야 한자 - 복잡하거나 추상적이어서는 곤란하다.

1강 2. 한자의 3대 조자원리 – 부연설명 – 자세한 풀이

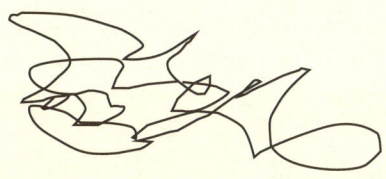

1. 위의 그림은 아침에 내가 먹은 음식이다. 뭘 먹었느냐?

   ① 빵　　　② 밥　　　③ 국　　　④ 탕수육

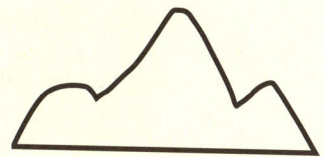

2. 위의 그림에서 나온 글자는?

   ① 뫼 산(山)　② 내 천(川)　③ 나무 목(木)　④ 사람 인(人)

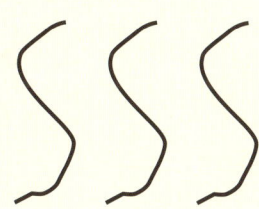

3. 위의 그림에서 만들어진 글자는?

   ① 내 천(川)　② 여자 여(女)　③ 비 우(雨)　④ 새 을(乙)

1강   3. 한자의 조자원리 중 - 사람에 대한 3대 분류

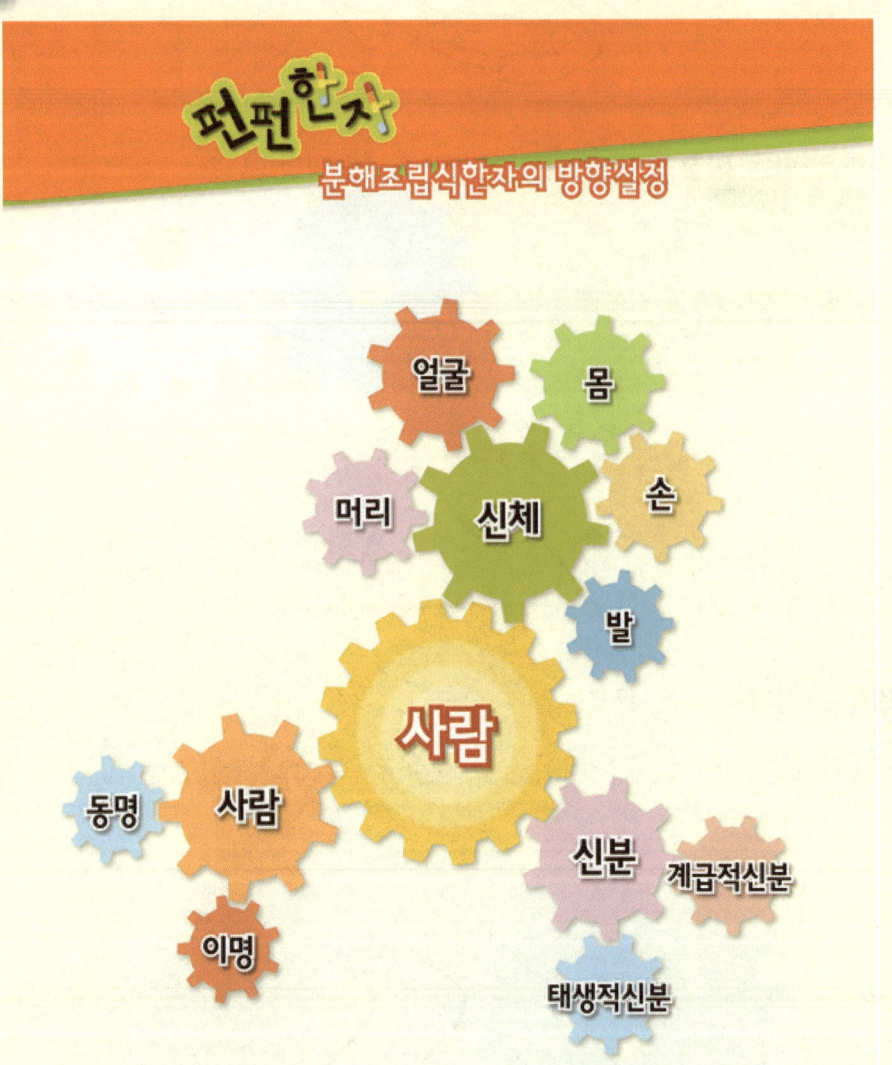

1강

4. 한자의 조자원리 중 - 신체에 대한 3대 분류

사람편 11

복습질문

1. 한자의 3대 조자원리가 아닌 것은?

   ① 사람　　　　② 삶　　　　③ 하늘　　　　④ 자연

2. 사람을 크게 분류할 때 맞는 것은?

   ① 신체, 사람자체, 신분
   ② 머리, 몸, 팔 다리
   ③ 신체, 두뇌, 출신성분
   ④ 정신, 신체, 영혼

3. 그림 글자를 설명하는 말로 틀린 것은?

   ① 한자는 그림 글자이므로 글자의 모양이 단순하고 객관적이어야 한다.
   ② 그림 글자이므로 글자의 모양이 아름다워야 하고 조형미를 생각해서 만들어졌다.
   ③ 한자는 표음문자이지 표의문자가 아니다.
   ④ 한자의 갑골문의 그림이 오늘날의 글자 모양과 똑같지는 않다.

2강   **1. 신체 중 – 머리와 관련된 기본 글자들**

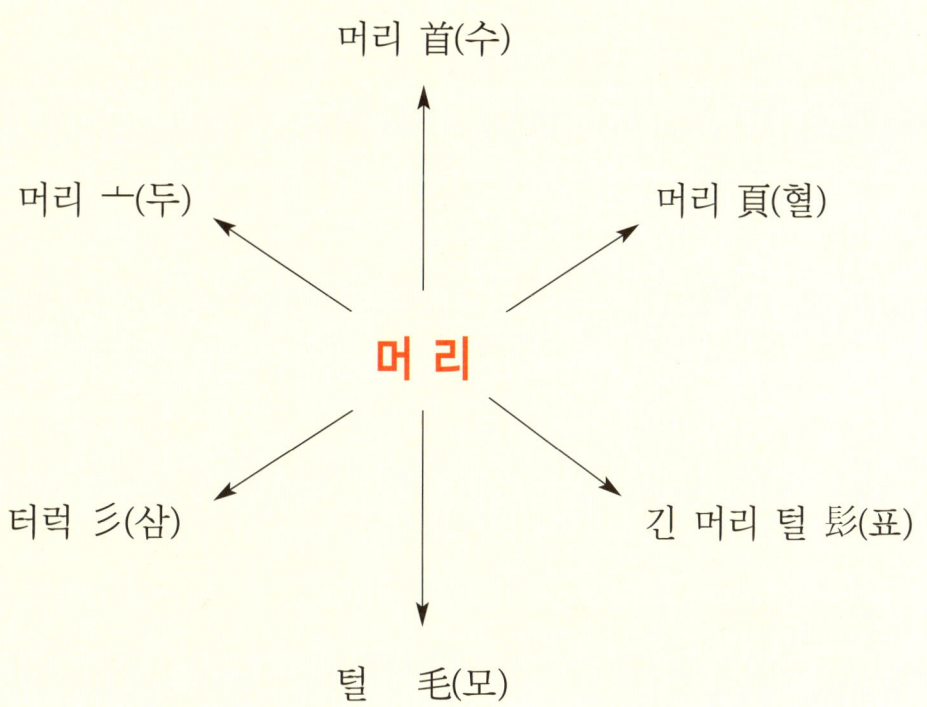

2강 2. 신체 중 - 머리 두(亠) 관련

1. 사람

- **머리** - 없을/망할 망(亡). 사귈 교(交)

2. 건물

- **지붕. 꼭대기** - 높을 경(京)/높을 고(高)

3. 사물

- **가장 윗부분** - 옷 의(衣)

2강 3. 신체 중 – 머리 수(首) 분해조립

사람편 15

2강   4. 신체 중 - 머리 혈(頁) 분해조립

2강 5. 신체 중 – 터럭

복습질문

1. 머리 두(亠)자를 '돼지 해(亥) 머리 두'라고 부르는 이유는?

   ① 글자가 돼지의 꼬리와 비슷해서
   ② 글자가 돼지의 생식기와 비슷해서
   ③ 글자가 돼지우리의 뚜껑을 닮아서
   ④ 돼지 해(亥)자의 윗부분 즉 머리 부분에 해당하는 글자라서

   * 부수(部首)자의 명칭 중에는 의미와 전혀 상관없는 글자들도 있으므로 명칭만 아니라 글자가 무엇을 본뜬 글자인지? 무엇을 의미하는 글자인지 반드시 숙지하도록 하자

2. 인도(引導)의 이끌 도(導)자에 대한 설명으로 틀린 것은?

   ① 길 도(道)자가 발음기호 역할도 한다.
   ② 마디 촌(寸)자는 사람을 끌어당기거나 이끄는 역할을 하는 손을 의미한다.
   ③ 사람을 올바른 길(道)로 이끈다(寸)는 뜻을 갖는 글자이다.
   ④ 길 도(道)자가 의미에도 기여를 하고 있다.

3. 터럭 삼(彡)자가 머리와 어떤 연관이 있느냐?

   ① 터럭 삼(彡)자는 모든 털과 관련이 있으므로 머리털의 의미로도 사용되기 때문에 머리와 관련이 있다.
   ② 머리카락을 본뜬 글자이다.
   ③ 털이 가장 많은 부분이 머리이다.
   ④ 길게 땋은 머리카락을 본 떠 만든 글자이다.

4. 현감(縣監)의 고을/달 현(縣)자에 대한 설명으로 틀린 것은?

① 현(縣)자의 왼편이 머리 수(首)자를 거꾸로 해 놓은 모습이다.
② 이을 계(系)자가 머리카락을 이어놓은 모습이다.
③ 죄수를 처형하여 목을 매 달아 놓을 권한이 고을의 현감(縣監)처럼 관리에게 있다하여 '고을, 매달다' 등의 뜻이 파생되었다.
④ 매달다의 뜻이 약해져서 마음 심(心)을 더하여 본뜻을 회복한 글자가 현상금(懸賞金)의 매달 현(懸)자이다.

5. 머리와 직접 관련이 없는 글자는?

① 정상(頂相)의 정수리 정(頂)
② 두뇌(頭腦)의 머리 두(頭)
③ 영수회담(領袖會談)의 옷깃/거느릴/다스릴 령(領)
④ 축하(祝賀)의 하례 하(賀)

3강 1. 신체 중 – 얼굴과 관련된 기본 글자들

얼굴 면(面) – 이목구비(耳目口鼻)

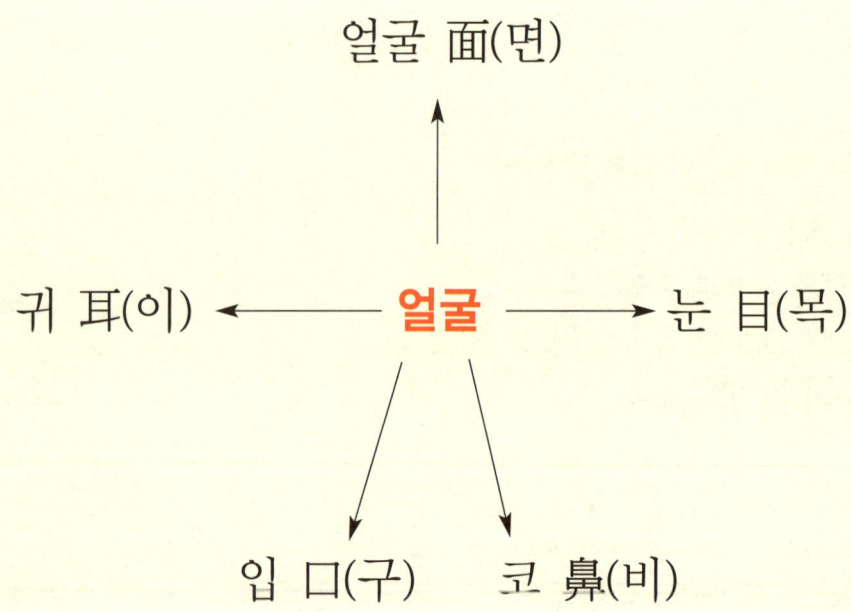

3강 2. 귀 이(耳) 분해조립

3강   3. 눈 목(目) 관련 글자들

3강 4. 눈 목(目) 분해조립

분해조립한자

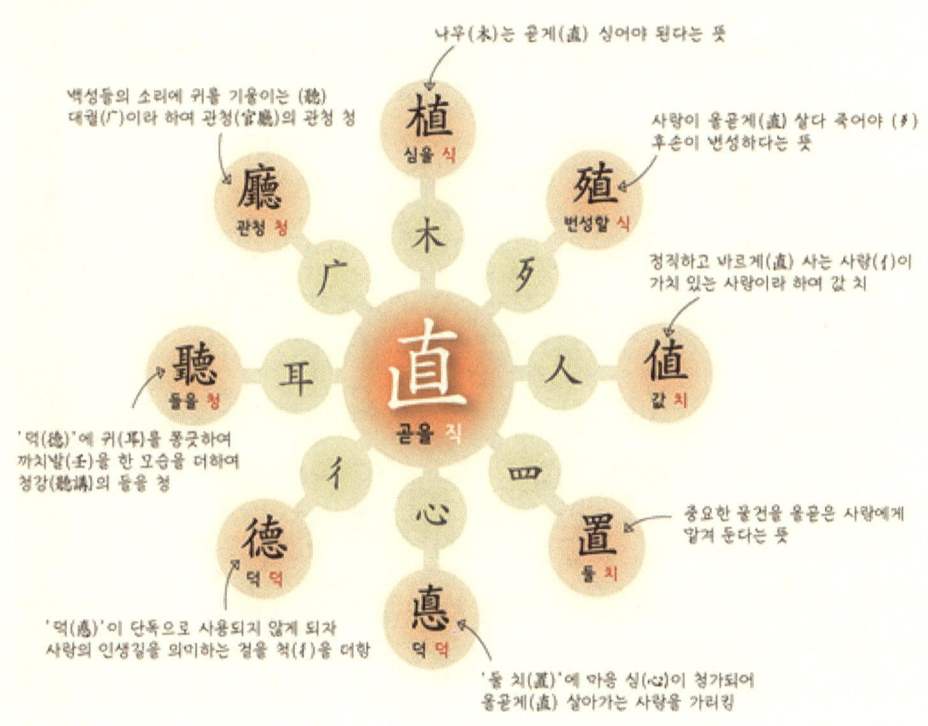

사람편 23

3강 5. 백성 민(民) 분해조립

3강　6. 얼굴 – 입 대 해부

3강 7. 입의 기능들

장(章)/변(辯)/화(話)/체(替)/가(歌)/유(唯)

3강 8. 입의 부품

천(穿)/아(雅)/음(飮)/취(炊)/차(次)

3강 9. 얼굴 – 코 관련 글자들

취(臭)/후(嗅)/내(耐)

복습질문

1. 다음 설명 중 틀린 것은?

   ① 왈(日)/음(音)/언(言)은 입의 기능 중 말하는 것과 관련된 글자이다.
   ② 치(齒)/아(牙)/설(舌)은 입의 기능 중 부품과 관련된 글자이다.
   ③ 밥 식(食)/메울 신(辛)/달 감(甘)은 직접 입의 모양을 본뜬 글자는 아니지만 입의 기능 중 먹기와 관련이 있는 글자이다.
   ④ 입 구(口)자는 말하기, 먹기 등과 같은 순기능도 하지만. 모양새 때문에 입구(入口)나 방향(方向)에서 보듯 모양새와 닮은 뜻으로도 많이 쓰인다.

2. 다음 중 공통분모가 다른 글자가 섞여 있는 것은?

   ① 목(目)/견(見)/간(艮)/신(臣)
   ② 왈(日)/음(音)/언(言)
   ③ 식(食)/신(辛)/감(甘)
   ④ 이(耳)/목(目)/구(口)/비(鼻)

3. 휴게(休憩)의 쉴 게(憩)자에 대한 설명으로 틀린 것은?

   ① 혀 설(舌)자와 코에 해당하는 스스로 자(自)자와 마음 심(心)자가 합쳐진 글자이다.
   ② 달리기 등과 같이 힘든 운동이나 일을 하고 난 다음 가쁘게 숨을 몰아쉬는 모습에서 만들어진 글자이다.
   ③ 개가 숨을 헐떡거릴 때 보면 심장이 마구 뛰기 때문에 혀를 내밀고 코를 벌렁거리는 모습을 볼 수 있는데 바로 이런 모습은 쉬기 위한 행동임을 알 수 있다. 이러한 모습에서 만들어진 글자이다.
   ④ 말을 하지 않고 심장소리를 죽이고 코로 숨을 내쉬거나 들이마시지 않는 모습에서 만들어진 글자이다.

4강 1. 신체에 대한 상세 설명

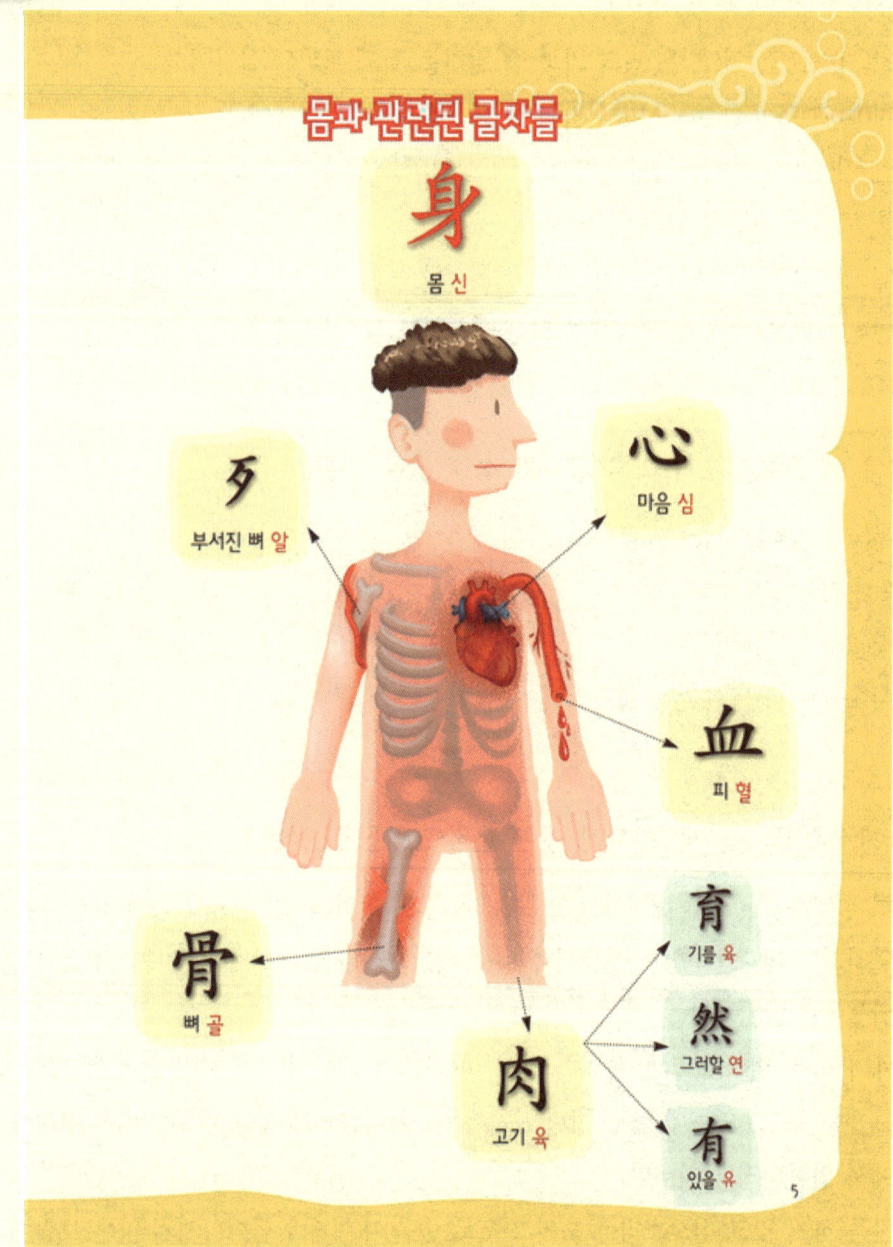

사(射)/구(軀)/사(死)/체(體)

4강 2. 마음 심(心) 분해조립

 피를 펌프질하여 온 몸으로 공급하는 심장(心臟)의 모습을 간략하게 만든 글자로 사랑, 미움, 시기와 같은 감정과 관련된 표현은 반드시 사용되는 것이 심장(心臟)의 마음 심(心)

글자 모양은 다르나 마음 심(心)자와 똑같은 의미의 글자들

애증(愛憎)/증오(憎惡)/시기(猜忌)/감정(感情)
용서(容恕)/분노(忿怒)/분노(憤怒)

4강　3. 고기 육(肉) 분해조립

肉 뼈에 살점이 붙어 있는 모습 또는 고깃 덩어리의 모습에서 육식(肉食)/정육점(精肉店)의 고기 육(肉)자가 만들어졌으나 달 월(月)과 비슷한 모습의 글자(月→肉-육달월)가 고기 육(肉)

育 토실토실(充-찰/채울 충)하게 살집(月→肉-육달 월)이 오른 갓난아기를 어머니가 안고 있는 모습에서 양육(養育)의 기를 육(育)

肉 + 充 = 育
고기 육 + 찰/채울 충 = 기를 육

부패(腐敗)

4강 4. 육(肉) 달 월(月) 분해조립

사람편 33

복습질문

1. 마음 심(心)자에 대한 해설로 틀린 것은?

   ① 심장의 모습을 본 떠 만든 글자이다.
   ② 상징적으로는 마음의 뜻으로 쓰인다.
   ③ 사람의 온갖 감정과 관련된 글자에 들어가게 된다.
   ④ 글자의 모양이 세 가지 있다.

2. 달 월(月)자에 대한 설명으로 옳은 것은?

   ① 달 월(月)자는 오로지 '달' 의 뜻으로만 사용된다.
   ② '달과 배' 의 뜻으로만 사용된다.
   ③ 고기 육(肉)자의 의미로 가장 많이 사용된다. 이 경우 육(肉) 달 월(月)이라 불린다.
   ④ 여러 가지 의미로 사용됨으로 주의를 요하는 글자이다.

3. 다음 글자들 중 달 월(月)자의 쓰임새가 다른 것은?

   ① 소유(所有)의 있을 유(有)
   ② 두뇌(頭腦)의 뇌 뇌(腦)
   ③ 자연(自然)의 그러할 연(然)
   ④ 망향(望鄕)의 바랄 망(望)

5강 1. 몸 – 손과 관련된 글자들

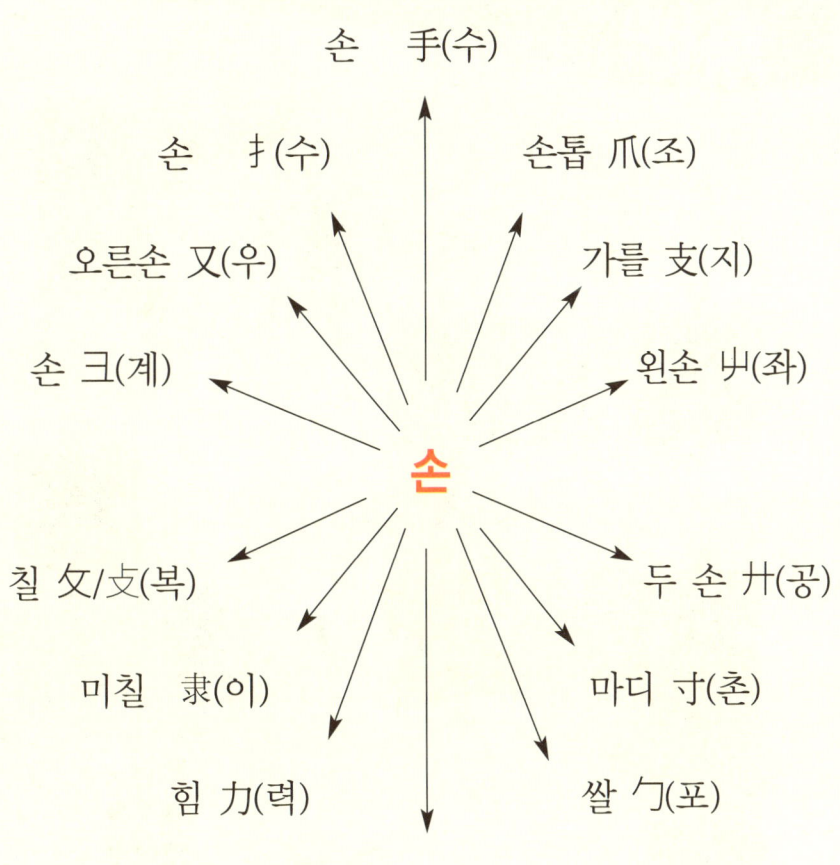

5강 2. 손 우(又) 분해조립

5강 3. 손 우(友) 분해조립

5강 4. 손 계(彐) 분해조립

5강 5. 양 손 공(廾) 분해조립

사람편 39

5강   6. 손톱 조(爪) 분해조립

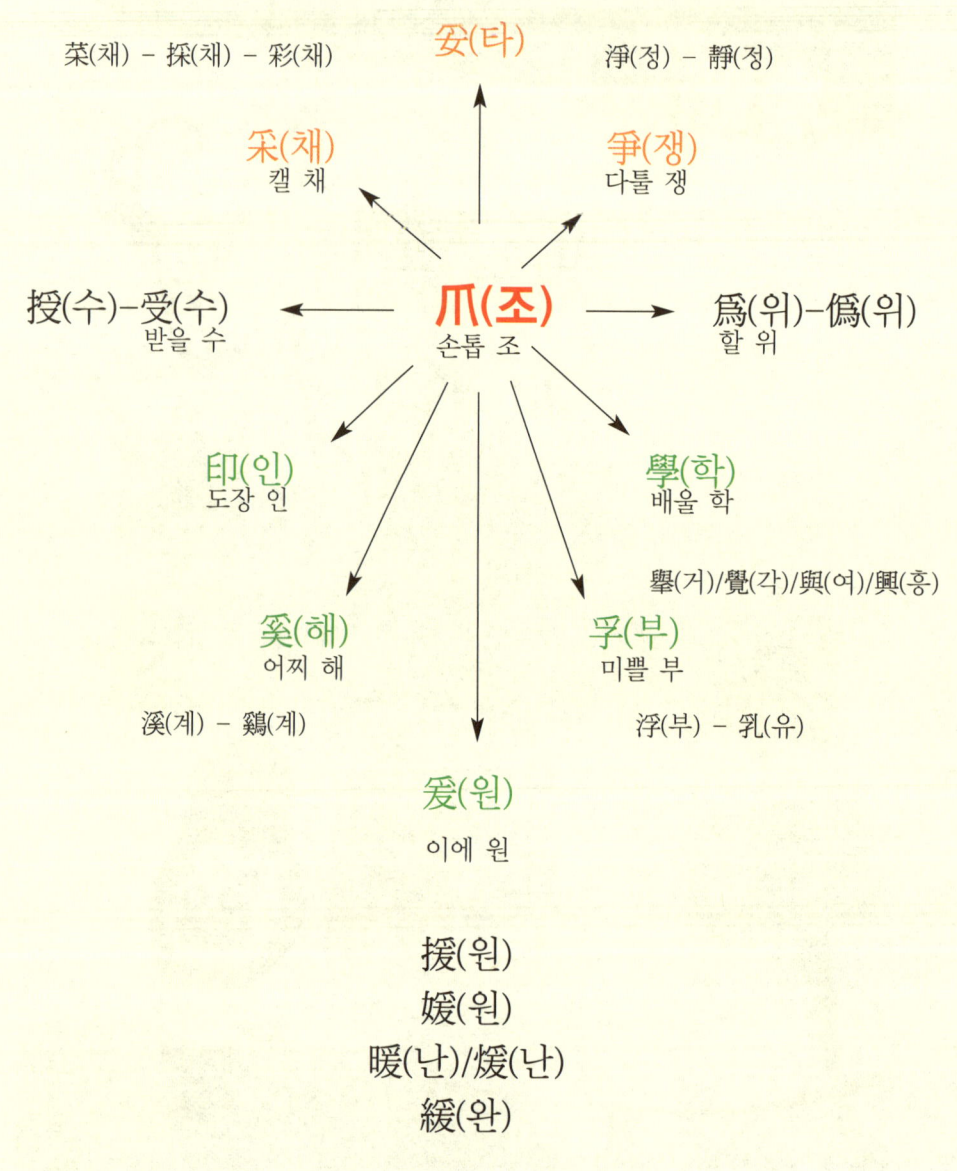

받을 수(受) + 손 수(扌) = 줄 수(授)

5강 7. 마디 촌(寸) 분해조립

복습질문

1. 다음의 글자 중 손과 관련된 글자가 아닌 것은?

   ① 우(又)   ② 계(彐)   ③ 공(廾)   ④ 복(攵)

2. 뇌물수수(賂物授受)의 줄 수(授)자에는 손이 몇 개나 들어 있는가?

   ① 한 개   ② 두 개   ③ 세 개   ④ 네 개

3. 다음의 설명 중 틀린 것은?

   ① 경계(警戒)의 경계할 계(戒)자는 창(戈)을 들고 있는 손(廾) 즉 병사들이 창을 들고 보초를 서거나 성을 지키는 모습을 본뜬 글자이다.
   ② 병사(兵士)의 군사 병(兵)자는 도끼(斤)를 들고 있는 양 손(廾)에서 만들어졌다.
   ③ 학교(學校)의 배울 학(學)자에도 손에 해당하는 글자가 들어가 있다.
   ④ 감사(感謝)하다의 사례할 사(謝)자에는 손에 해당하는 글자가 없다.

4. 다음의 설명 중 옳은 것은?

   ① 간호(看護)의 볼 간(看)자는 손과 눈을 합쳐 만든 글자이다.
   ② 취득(取得)의 취할 취(取)자는 귀와 손을 합쳐 만든 글자이다.
   ③ 우정(友情)의 벗 우(友)자는 손과 손을 합쳐 만든 글자이다.
   ④ 계승(繼承)의 받들 승(承)자에는 손이 하나만 들어가 있다.

6강 1. 발 관련 글자들

사람편 43

6강 2. 발 지(止) 분해조립

6강 3. 필/등질 발(癶) 분해조립

사람편 45

6강 4. 어그러질 천(舛) 분해조립

6강 5. 갈 착(辶) 분해조립

6강 6. 걸을 척(彳) 분해조립

6강 7. 뒤져올 치(夂) 분해조립

6강   8. 길게 걸을 인(廴) 분해조립

복습질문

1. 발과 관련된 기본글자가 아닌 것은?

   ① 복(夂)　　　② 치(夂)　　　③ 천(舛)　　　④ 척(彳)

2. 다음 글자들 중 공통점이 없는 글자는?

   ① 척(彳)　　　② 인(亻)　　　③ 인(𠆢)　　　④ 착(辶)

3. 등질 발(癶)/어그러질 천(舛)자에 대한 설명으로 틀린 것은?

   ① 등질 발(癶)자는 발 두 개를 그려놓은 글자이다.
   ② 어그러질 천(舛)자도 발 두 개를 그려놓은 글자이다.
   ③ 명칭과 상관없이 이러한 글자가 들어가 있으면 무조건 발과 관련하여 생각하는 것이 좋다.
   ④ 등산(登山)의 오를 등(登)자와 하강(下降)의 내릴 강(降)자에 각각 등질 발(癶)자와 어그러질 천(舛)자가 들어가 있는 것으로 보아 등(登)자나 강(降)자 모두 발과 관련이 있는 글자임을 알 수 있다.

4. 갈 착(辶)자에 대한 설명으로 옳은 것은?

   ① 예전에 책받침이라는 명칭으로 불리기도 했다.
   ② 더 정확하게 말하면 착(辶)받침이 맞는 표현이다.
   ③ 걸을 척(彳)자와 발 지(止)자의 합자이다.
   ④ 갈 착이라는 명칭 때문에 꼭 '가다'와만 관련시킬 것이 아니라 '발과 길'의 의미로 이해하는 것이 더 타당하다.

7강 1. 사람관련 대 해부 – 이명, 동명

| 7강 | 2. 사람 인(人) 분해조립 |

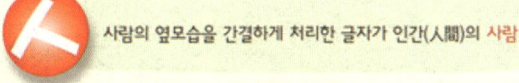

사람의 옆모습을 간결하게 처리한 글자가 인간(人間)의 사람 인(人)

모양은 다르나 다 같은 뜻의 글자

7강   3. 사람 인(人) 분해조립

7강 4. 사람 인(亻) 분해조립1

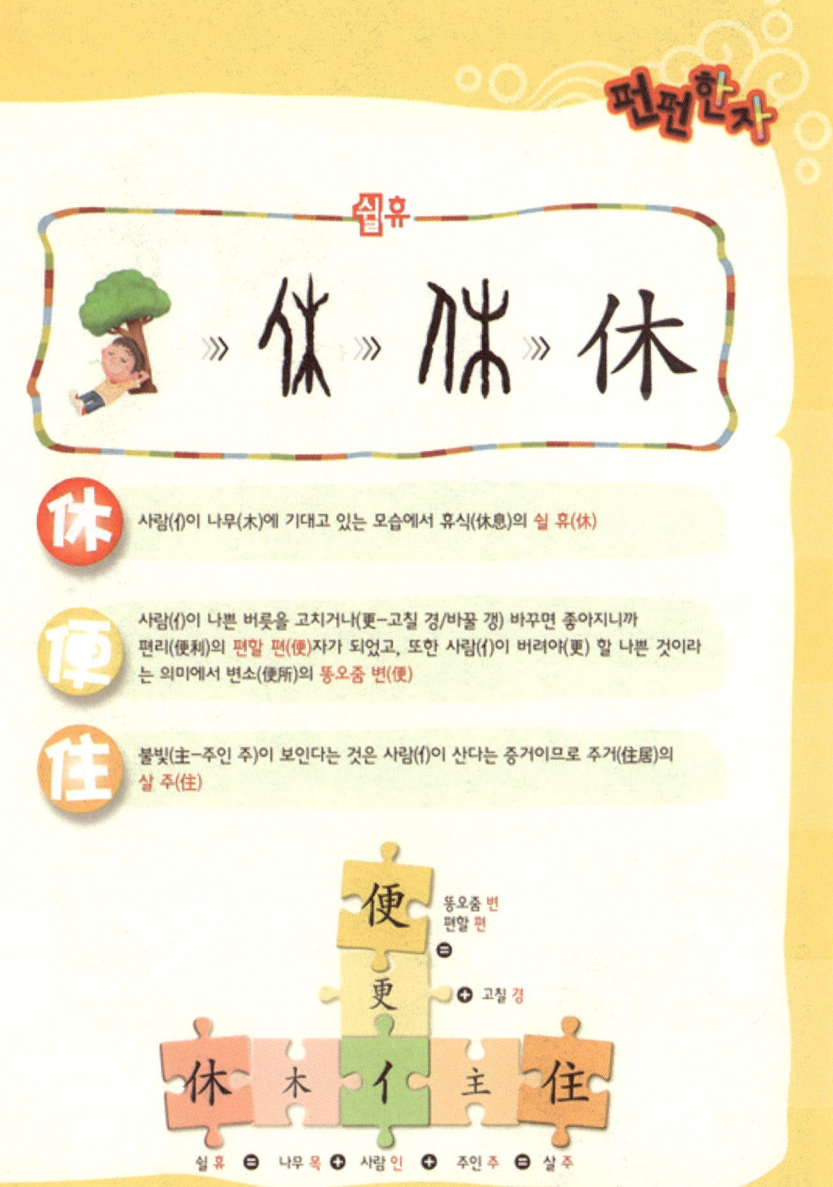

사람편 55

7강 5. 사람 인(亻) 분해조립2

7강 6. 사람 인(儿) 분해조립1

7강   7. 사람 인(儿) 분해조립2

7강 8. 사람 절(卩) 분해조립1

사람편 59

7강 9. 사람 절(㔾) 분해조립2

7강 10. 비수 비(匕) 분해조립1

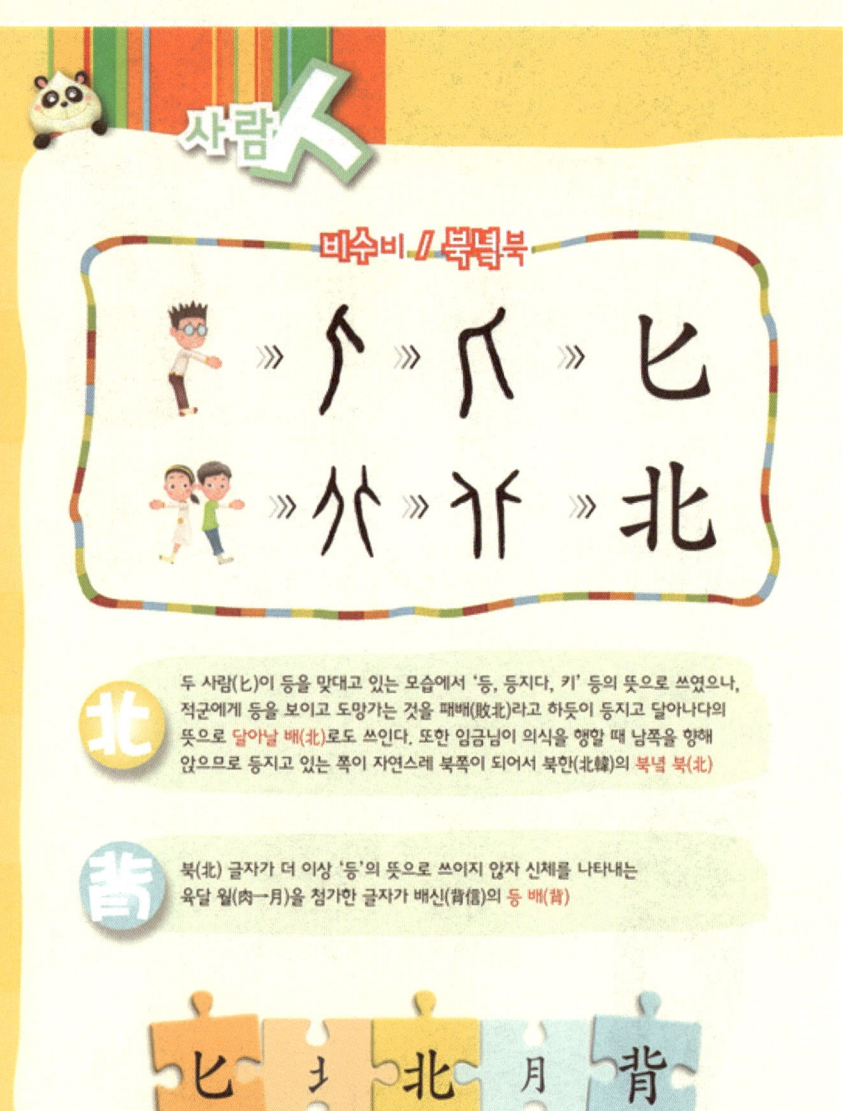

사람편 61

7강　11. 비수 비(匕) 분해조립2

7강 12. 사람 대(大) 분해조립1

큰대

손과 발을 벌리고 서 있는 사람의 정면 모습에서 대인(大人)의 **큰 대(大)**

설립

땅(一)을 양팡지게 버티고 서 있는 대인(大)의 모습에서 땅(一)을 강조한 글자는 입국(立國)의 **설 립(立)**

7강 13. 사람 대(大) 분해조립2

7강 14. 사람 대(大) 분해조립3

사람편 65

7강 15. 설 립(立) 분해조립

복습질문

1. 공통점이 없는 것은?

   ① 인(人)/인(亻)/인(儿)
   ② 비(匕)/시(尸)/절(卩)
   ③ 대(大)/립(立)/천(天)/태(太)
   ④ 수(手)/우(又)/공(廾)

2. 부수자 즉 기본글자의 의미가 다른 것은?

   ① 회의(會議)의 모일 회(會)
   ② 합격(合格)의 합할 합(合)
   ③ 왕래(往來)의 올 래(來)
   ④ 금일(今日)의 이제 금(今)

3. 병부 절(卩/㔾)이나 비수 비(匕)자의 설명으로 틀린 것은?

   ① 병부 절(卩)자는 전쟁과 관련된 글자이다.
   ② 비수 비(匕)자는 날카로운 비수 즉 칼을 본뜬 글자이다.
   ③ 병부 절(卩)자는 전쟁과 아무런 관련이 없는 글자로서 사람을 의미하는 글자이다.
   ④ 비수 비(匕)자는 숟가락의 의미로도 가끔 사용되지만 주로 사람을 의미하는 글자이다.

4. 주검 시(尸)자와 병부 절(卩/㔾)이나 비수 비(匕)자의 공통점은?

   ① 이름과 관계없이 모두 사람을 가리키는 글자이다.
   ② 반드시 꼬부랑 노인을 가리키는 글자이다.
   ③ 언제나 어린아이들만 의미한다.
   ④ 곧 죽으려고 하는 사람들을 의미하는 글자이다.

8강 1. 사람 – 신분관련 대 해부 – 태생적 신분

8강   2. 뱀 사(巳) 분해조립

8강 3. 사사 사(厶) 분해조립

8강   4. 아들 자(子) 분해조립

8강 　5. 여자 여(女) 분해조립

8강 6. 아들 자(子) 분해조립

8강   7. 여자 여(女) 분해조립

8강 8. 아비 부(父) 분해조립

8강 9. 늙은이/늙을 로(耂) 분해조립1

신분身分

효도 효
》 耂 》 耂 》 孝

長 길고 희끗한 머리를 길게 풀어헤친 노인의 모습에서 만들어진 글자가 연장자(年長者)의 의미를 지금도 가지고 있는 장신(長身)의 **길 장(長)**

老 긴 머리 풀어헤친 노인(耂)이 지팡이(匕)를 짚고 서 있는 모습에서 장(長)자와 의미가 비슷한 노인(老人)의 **늙은이 로(老)**

孝 부모(耂-늙을 로)를 업고 있는 자식(子)의 모습에서 **효도(孝道) 효(孝)**

孝 子 耂 匕 老
효도 효 = 아들 자 + 늙을 로 + 지팡이 = 늙은이 로

10. 늙은이 로(耂) 분해조립2

사람편 77

8강 11. 사람 - 신분 - 계급신분

감(監)/와(臥)

8강 12. 임금 왕(王) 분해조립

8강 13. 선비 사(士) 분해조립

8강 14. 각시 씨(氏) 분해조립

저(氏)/저(低)/저(邸)/저(底)

복습질문

1. 아래의 예문 중 틀린 설명은?

① 뱀 사(巳)자는 뱀이 똬리를 틀고 있는 모습을 본뜬 글자로 뱀을 뜻하는 글자이다.
② 사사 사(厶)자 역시 뱀의 머리를 본뜬 글자로 태아를 상징한다.
③ 뱀 사(巳)자는 뱀과 상관없이 어머니 뱃속에 있는 태아를 주로 상징한다.
④ 사사 사(厶)자는 뱀과 상관없는 글자로 나 개인을 뜻하는 글자이다.

2. 임금 왕(王)자와 선비 사(士)자의 공통점 중 틀린 것은?

① 두 글자 모두 도끼를 본뜬 글자로 여겨진다.
② 선비 사(士)자는 작은 도끼, 임금 왕(王)자는 큰 도끼를 본떠 만들어진 글자일 것이다.
③ 따라서 그러한 도구 즉 도끼는 권력의 상징이었으므로 선비와 임금으로 뜻이 발전하였다.
④ 도끼질을 잘해야 선비가 되고 임금이 될 수 있었다.

3. 아버지 부(父)자와 어머니 모(母) 그리고 늙은이 로(老)자의 설명 중 틀린 것은?

① 부(父)자는 수렵시대의 흔적이 남아있는 글자로 돌도끼를 손에 들고 있는 모습을 본뜬 글자이다. 사냥을 해서 가족을 부양하던 아버지의 모습이었을 것이다.
② 자식에게 젖을 물려 키우는 어머니의 모습에서 유방이 강조된 글자가 어머니 모(母)자로 발전하였다.
③ 늙은이 로(老)자는 연로한 부모님을 등에 업고 있는 모습을 본뜬 글자이다.
④ 늙은이 로(老)자는 긴 머리카락 휘날리며 지팡이를 짚고 있는 엉거주춤한 노인네의 모습을 본떠 만든 글자로 여겨진다.

삼 편
依食住

1강   1. 한자의 조자원리 – 삶의 3대분류

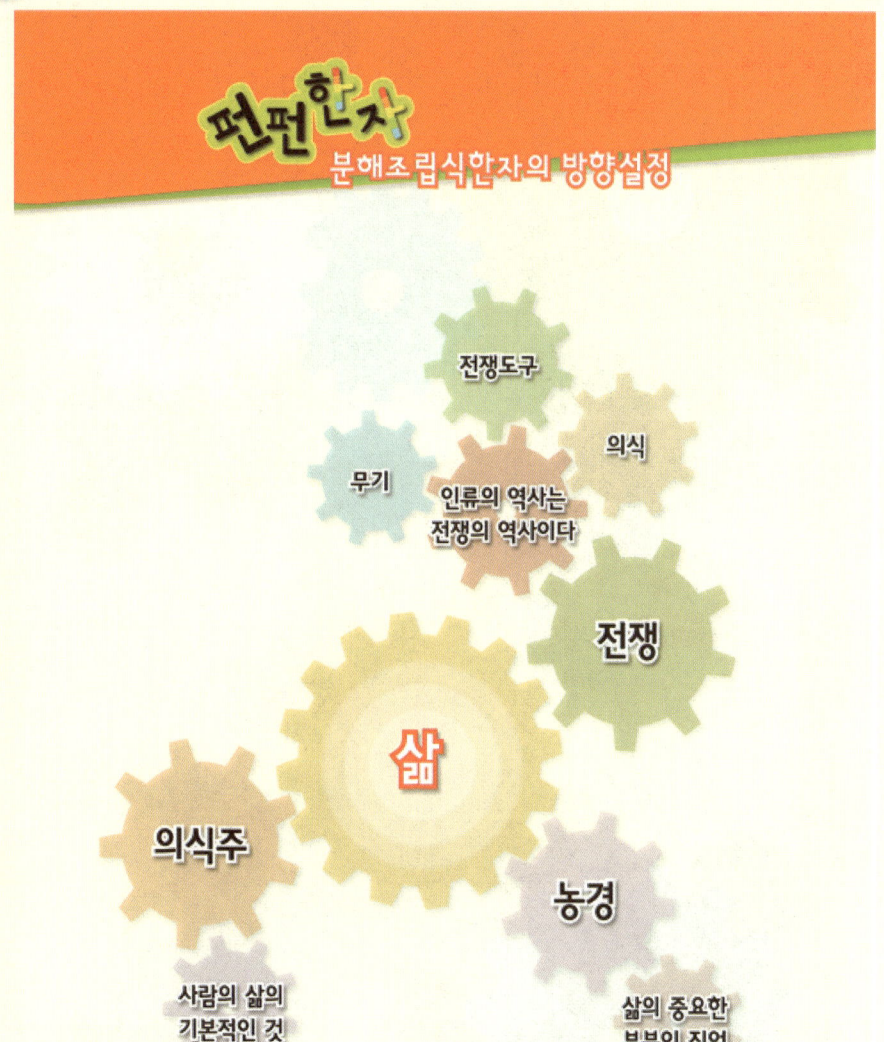

1강 2. 전쟁무기 관련

1강 3. 전쟁 활 궁(弓) 분해조립1

1강 4. 활 궁(弓) 분해조립2

1강 5. 화살 시(矢) 분해조립1

1강 6. 화살 시(矢) 분해조립2

1강 7. 주살 익(弋) 분해조립

1강   8. 창 과(戈) 분해조립1

1강 9. 창 과(戈) 분해조립2

삶편 93

1강 10. 도끼 근(斤) 분해조립

1강 11. 칼 도(刀) 분해조립

1강 12. 방패 간(干) 분해조립

복습질문

1. 다음 설명 중 옳은 것은?

   ① 삶을 크게 3분류하면 전쟁, 의식주, 농경(직업)이다.
   ② 삶에서 차지하는 비중이 커서 전쟁이 삶의 3대 분류에 들어가 있다.
   ③ 옛날의 직업은 거의 농업이었으므로 삶을 분류할 때 농경(농업)이 들어가는 것은 당연하다. 우리의 삶에서 직업이 참으로 중요하지 않은가?
   ④ 한자가 만들어진 조자원리를 보면 사람의 삶과 밀접한 사물이나 사건 등을 모두 활용했음을 알 수 있다.

2. 전쟁을 상징하는 대표 무기 3가지는 무엇인가?

   ① 활, 칼, 창
   ② 전차, 대포, 선박
   ③ 방패, 화살, 창
   ④ 총, 칼, 탱크

3. 다음의 설명 중 틀린 것은?

   ① 창 과(戈)자는 날카로운 날이 달린 창을 본뜬 글자이다.
   ② 창 모(矛)자는 찌르는 것을 특징으로 하는 앞이 뾰족한 창을 본뜬 글자이다.
   ③ 창 수(殳)자는 몽둥이를 손에 들고 있는 모습을 본뜬 글자로, 창의 의미로도 사용되며 몽둥이, 배의 노 등의 의미로도 사용된다.
   ④ 투창(投槍)의 던질 투(投)자는 창(殳)을 손에 들고(扌) 던지는 모습에서 '던지다'의 뜻이 파생된 글자일 것이다.

복습질문

4. 집 실(室)자나 집 옥(屋)자에 대한 설명으로 틀린 것은?

① 이를 지(至)자는 날아온 화살이 땅에 박혀있는 모습을 본뜬 글자로 신성시 되는 화살을 쏘아 그것이 이른 곳에 집이나 제단 등을 짓거나 세우던 풍습을 알려주는 글자이다.

② 미신을 더 믿던 옛날의 시대상황을 생각하면 위의 해설이 설득력이 있다.

③ 전쟁을 하러 가기 전이나, 이사를 하거나 건물을 지을 때에도 반드시 신에게 물어보던 당시 상황을 엿보게 하는 글자로 신성시 되는 화살이 꽂힌 자리에 건물을 세우거나 제단을 세우는 것은 곧 신의 의지요 신의 계시로 본 것임을 알 수 있다.

④ 중국의 자금성이 그렇게 지어졌다는 기록도 있다.

| 2강 | 1. 전쟁 – 의식부분, 수행도구 |

2강 2. 보일 시(示) 분해조립1

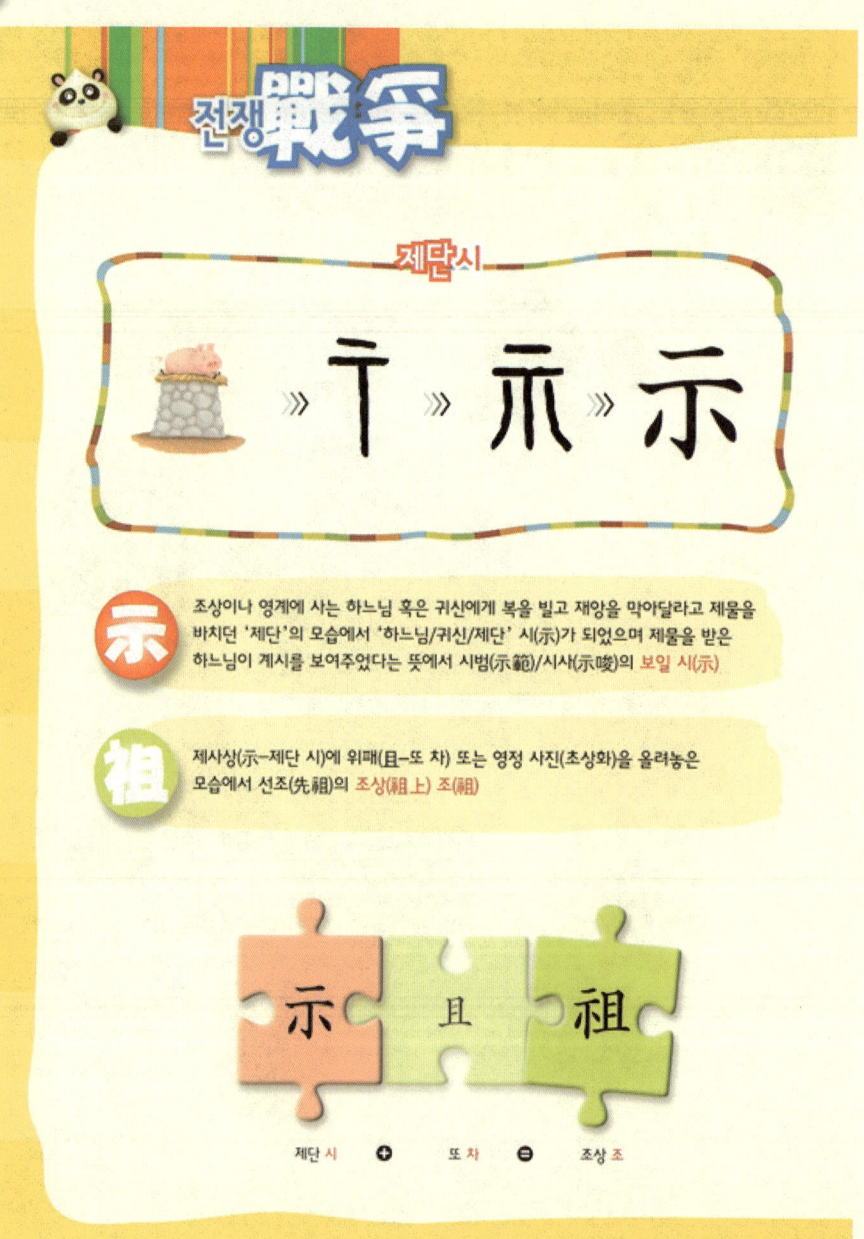

2강 3. 보일 시(示) 분해조립2

삶편 101

2강 4. 수레 거(車) 분해조립

2강 5 모 방(方) 분해조립

2강 6. 모 방(方) 깃발 언 분해조립2

복습질문

1. 전쟁 편에서 왜 보일 시(示)나, 점 복(卜) 그리고 조짐 조(兆)자 등을 살펴보는가?

① 승리기원 제사를 지내지 않고 전쟁에 나가는 일은 없었을 것이다. 전쟁이야 말로 신의 가호가 필요하였기에 절대적으로 절대자에게 매달렸을 것이므로 제단을 본뜬 글자인 보일 시(示)나 길흉을 알아보던 점 복(卜), 조짐 조(兆)자를 전쟁 편에서 살펴보는 것은 상당히 이치적이라 본다.
② 전쟁에서 승리하고 돌아왔을 때도 틀림없이 신에게 제사를 지냈을 것이므로 제단을 본뜬 보일 시(示)자가 전쟁 편에서 다뤄지는 것은 옳다고 본다.
③ 승패는 복불복이므로 길흉을 알아보는 풍습을 알려주는 복(卜)자와 조(兆)자가 전쟁 편에 들어갔을 것이다.
④ 특별히 넣을 곳이 없으므로 전쟁 편에서 다루고 있다.

2. 모 방(方)자를 전쟁 편에서 다루는 이유로 틀린 것은?

① 모 방(方)자 자체는 전쟁과 아무 상관이 없지만 깃발 언자가 전쟁과 관련이 있고 또 깃발 언자에 모 방(方)자가 들어있 으므로 전쟁 편에서 다루고 있을 뿐 특별한 이유는 없다.
② 깃발은 주로 4각형이었다. 따라서 모 방(方)자 자체가 4각이라는 의미가 있는 글자여서 깃발 언자에 들어가게 되었을 것이다. 그래서 전쟁 편에서 모 방(方)자를 다루게 된 것이다.
③ 쟁기는 농사와 관련이 있는 것이고 전쟁은 농경지를 빼앗아 오려는 행위이므로 쟁기를 본뜬 모 방(方)자를 전쟁 편에서 다루고 있다.
④ 4각형이 되도록 전투대형을 이루고 진지를 구축하는 군사들의 모습에서 4각형을 뜻하기도 하는 방(方)자를 전쟁 편에서 다루게 되었다.

복습질문

3. 군대(軍隊)의 군사 군(軍)자에 대한 설명으로 옳은 것은?

① 수레(車)에 뚜껑(冖)을 덮어 오늘날의 군용트럭처럼 병거로 사용하던 모습에서 '군'과 관련된 용어가 되었다.

② 병거(兵車)는 군인을 나르거나 전쟁 수행 물자들을 나르는 '전쟁에 사용되던 수레'를 말하는 것으로 덮을 멱(冖)자가 군(軍)자에 들어가 있는 것은 바로 일반 수레들에 뚜껑을 덮어 오늘날로 말하면 군용트럭과 비슷한 용도로 사용했음을 알려준다.

③ 그러한 이유에서 운반(運搬)의 돌 운(運)자도 탄생한 것이다. 즉 병거(軍)가 군인이나 물자를 싣고 전쟁터로 가는(辶) 모습에서 '돌 운(運)' 자가 만들어졌을 것이다.

④ 지휘(指揮)의 휘두를 휘(揮)자 역시 손(扌)에 든 지휘봉등을 휘두르거나 가리키면서 군인(軍人)이나 부대 등을 여기저기로 보내는 장면에서 만들어진 글자임을 알 수 있다.

⑤ 군사 군(軍)자는 덮개(冖)가 있는 병거(兵車)의 모습을 본뜬 글자로 진시황제에 의해 '군사'의 뜻을 갖게 된 글자이다.

3강 1. 의식주의 옷 관련 글자

3강 2. 옷 의(衣) 분해조립

3강 3. 실 사(糸) 분해조립1

3강   4. 실 사(糸) 분해조립2

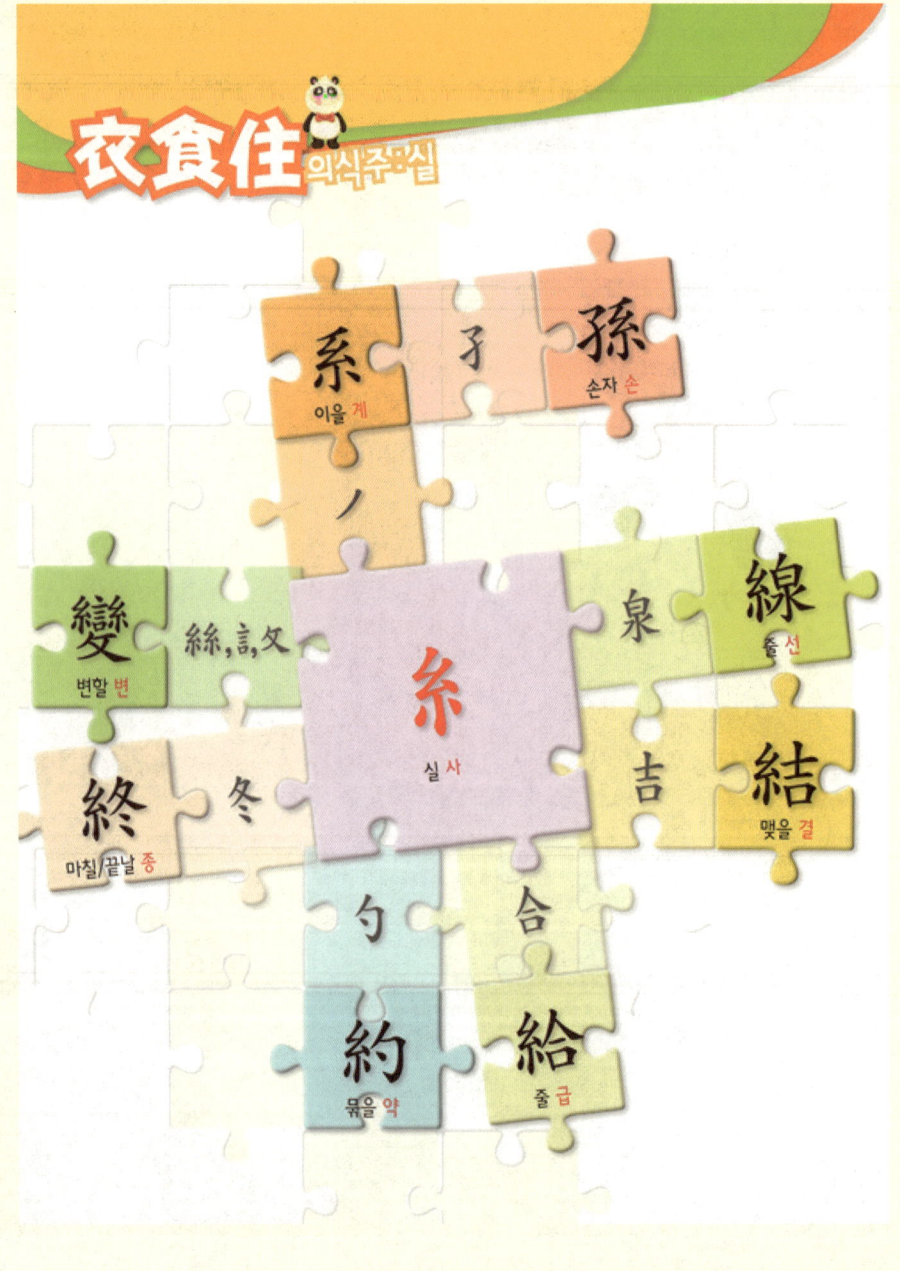

3강 5. 빛 색(色) 분해조립

빛 색

色 두 사람(ㄱ=人 + 巴)이 부부관계를 맺는 모양 또는 좋아하는 남자 여자(ㄱ=人 + 巴)가 서로 만나자, 얼굴이 발갛게 변하는 모습에서 염색(染色)/색채(色彩)의 빛 색(色)

무늬 문

文 가슴에 문신이 새겨진 사람의 모습에서 문신(文身)의 무늬/글월 문(文)

3강 6. 빛 색(色)과 관련된 글자들

3강 7. 흰 백(白) 분해조립1

햇빛(日)에 반짝이는 물방울(✓)의 투명하고 깨끗한 모습에서
백두산(白頭山)/백발(白髮)의 흰 백(白)

우물(井)에 낀 이끼(丰)와 캐낸 광석의 푸르스름한 빛깔 때문에
청년(靑年)/청춘(靑春)의 푸를 청(靑)

3강 8. 흰 백(白) 분해조립2

3강   9. 푸를 청(靑) 분해조립

3강 10. 붓 율(聿) 분해조립

3강 11. 매울 신(辛) 분해조립

복습질문

1. 옷이 만들어지는 순서대로 글자를 구성하였다. 옳은 것은?

   ① 수건 건(巾) – 실 사(糸) – 옷 의(衣)
   ② 실 사(糸) – 수건 건(巾) – 옷 의(衣)
   ③ 실 사(糸) – 옷 의(衣) – 수건 건(巾)
   ④ 옷 의(衣) – 수건 건(巾) – 실 사(糸)

2. 문장(文章)의 글월 문(文)자에 대한 설명으로 틀린 것은?

   ① 중국의 선조들이 무(武)보다 문(文)을 중시했음을 알 수 있는 글자이다.
   ② 사람의 몸 특히 가슴 등에 새겨진 그림을 본뜬 글자가 문(文)자이다.
   ③ 어쩌면 문신(文身)이 인류 최초의 예술행위 중에 하나였을 것이다.
   ④ 글과 그림이 문명과 밀접한 관련이 있음을 문(文)자는 알려준다.

3. 매울 신(辛)자에 대한 설명으로 옳은 것은?

   ① 문신을 새기는 송곳처럼 새긴 도구였을 것이다.
   ② 사람의 몸에 문신을 새길 때 고통이 따름으로 '맵다'의 뜻이 파생되었다. 마치 매운 고추를 먹을 때 눈물 나듯이 문신을 새기거나 찔림을 당할 때의 고통으로 눈물을 흘리게 된다하여 '맵다, 고통스럽다' 등의 뜻이 파생되었다.
   ③ 죄수를 벌할 때 문신을 새기듯 형구로 찔러 고통을 가하므로 매울 신(辛)자에는 '죄수나 포로' 등과 같은 뜻도 들어 있다.
   ④ 신(辛)라면의 신(辛)자는 '맵다'의 뜻으로 이해해야 한다.

4. 붓 율(聿)자에 대한 설명으로 옳은 것은?

   ① 붓을 손에 들고 있는 모습을 본뜬 글자이다.
   ② 중국의 선조들이 오래 전부터 붓으로 글을 쓰거나 그림을 그렸음을 알 수 있다.
   ③ 필기(筆記)의 붓 필(筆)자도 붓(聿)을 만들 때 대나무 대롱을 이용하였기에 대 죽(竹)자를 추가하여 만든 글자임을 알 수 있다.
   ④ 오늘날에도 붓(聿)이 최고의 필기구이다.

4강

1. 의식주 – 주와 관련된 글자들

4강 2. 집 면(宀) 분해조립1

주 住

집면

지붕의 모습을 간결하게 정리한 글자로 주로 집과 관련하여 쓰이는 글자가 집 면(宀)

방 한 칸에 여러 명의 사람들이 함께 살던 시절에는 마치 집(宀)이 돼지(豕-돼지 시)우리 같았으므로 가정(家庭)/가족(家族)의 집 가(家)

집 면 + 돼지 시 = 집 가

4강 3. 집 면(宀) 분해조립2

4강 4. 집 면(宀) 분해조립3

4강 5. 구멍 혈(穴) 분해조립1

4강 6. 구멍 혈(穴) 분해조립2

4강 7. 큰 집 엄(广) 분해조립

4강　8. 외짝 문 호(戶) 분해조립

대궐문처럼 두 개로 이루어진 것이 아니라 문짝이 하나만 있는 창고를 여닫는 한쪽 문의 모습을 보고 가가호호(家家戶戶)의 외짝 문/집 호(戶)

창고 문(戶)을 이용하여 도끼(斤)를 두는 곳(戶-외짝 문 호)이라는 뜻에서 장소(場所)의 바 소(所)

외짝 문 호 ➕ 도끼 근 ＝ 바/장소 소

4강 9. 문 문(門) 분해조립1

10. 문 문(門) 분해조립2

4강 11. 마을 리(里) 분해조립

4강 12. 나라 국(口) 분해조립

4강 13. 언덕 부(阝) 분해조립

4강 14. 고을 읍(邑) 분해조립

4강 15. 고을 읍(阝) 분해조립

복습질문

1. 가장 원시적인 주거형태에서 만들어진 글자는?

   ① 면(宀)   ② 혈(穴)   ③ 엄(广)   ④ 고(高)

2. 호(戶)와 문(門)의 차이점으로 틀린 것은?

   ① 호(戶)는 방문처럼 한 개로 이루어진 문을 본뜬 글자이므로 '외짝 문' 으로도 불리운다.
   ② 문(門)은 대개 대문처럼 한 짝으로 이루어진 문을 본뜬 글자이다.
   ③ 대궐의 출입문하면 문(門)자가 어울리고, 창고나 새장과 같은 곳의 문하면 외짝 문 호(戶)자가 어울린다.
   ④ 별반 차이가 없는 글자로 모두 문을 의미한다.

3. 언덕 부(阝)자가 의식주의 주(住)편에서 다루어지는 이유는 무엇인가?

   ① 옛날에 마을들은 주로 산 밑이나 강가 혹은 계곡을 끼고 형성되어 있는 경우가 많았다. 언덕(阝)은 그 주위로 마을이 형성되기 좋은 장소였기에 마을과 관계있는 글자가 되었으므로 주(住)편에서 다룬다.
   ② 중국 사람들이 언덕을 좋아하기 때문이다.
   ③ 중국 사람들은 집을 주로 언덕 위에 지었기 때문이다.
   ④ 마을이 주로 언덕 위에 형성되어 있었기 때문이다.

4. 고을 읍(邑)자가 타 글자와 합쳐질 때 어떤 글자로 바뀌며 그 경우 위치는 어디에 오게 되는가?

   ① 언덕 부(阝)자로 바뀌며 글자의 오른 편에 위치한다.
   ② 언덕 부(阝)자로 바뀌며 글자의 왼 편에 위치한다.
   ③ 나라 국(囗)자로 바뀌며 글자의 오른 편에 위치한다.
   ④ 둘레 위(囗)자로 바뀌며 글자의 왼 편에 위치한다.

5강 1. 농사와 관련된 글자들

삶편 135

5강　2. 흙 토(土) 분해조립

5강 3. 밭 전(田) 분해조립1

5강 4. 밭 전(田) 분해조립2

5강 5. 불 화(火) 분해조립

5강　6. 불 화(灬) 분해조립

5강 7. 힘 력(力) 분해조립

5강   8. 쟁기 뢰(耒)/때 신(辰) 분해조립

5강 9. 벼 화(禾) 분해조립

화(禾)/미(米)/서(黍)/두(豆)/마(麻)/맥(麥)

5강 10. 쌀 미(米) 분해조립

복습질문

1. 상호 연관성이 없는 글자로 묶여진 것은?

   ① 전(田)/토(土)/화(火)
   ② 방(方)/력(力)/뢰(耒)
   ③ 미(米)/화(禾)/두(豆)
   ④ 리(里)/국(國)/읍(邑)

2. 불 화(火)자에 대한 설명으로 틀린 것은?

   ① 초목을 불살라 농경지를 만들던 풍습을 생각하면 농사와 연관이 되는 글자이다.
   ② 옛날에는 화전민(火田民)들이 많이 있었다. 따라서 불 화(火)자는 농사 특히 농경지와 밀접한 관련이 있는 글자이다.
   ③ 불이 활활 타오르는 모습을 본 뜬 글자이다.
   ④ 불 화(火)자가 타 글자의 아래에 위치 할 때는 이러한 꼴(灬)을 쓰는 경우가 많다.
   ⑤ 불 화(灬)자는 항상 불 화(火)의 뜻을 갖는다.

3. 가을 추(秋)자에 대한 설명으로 옳은 것은?

   ① 벼 화(禾)자와 불 화(火)자의 합자이다.
   ② 불 화(火)자가 들어가 있는 것을 보면 벼농사를 지을 땅은 반드시 불로 땅의 잡초나 초목을 태운 다음 만들었음을 알 수 있다.
   ③ 가을철에 벼가 익어가는 모습을 '들판이 불탄다. 황금 들녘' 등으로 표현 하듯이 불 화(火)자는 벼가 잘 익은 계절을 나타내기 위해 의미요소로 사용된 글자이다.
   ④ 벼(禾)를 익혀서 즉 불(火)을 때서 반드시 요리를 해서 먹어야 한다고 해서 불 화(火)자가 들어간 것이다.

6강

1. 그릇과 관련된 글자들

6강 2. 망태기와 관련된 글자들

6강 3. 그릇 명(皿) 분해조립

6강 4. 덮을 멱(冖) 분해조립

6강

5. 그물 망(罒) 분해조립

6강 6. 상자 방(匚) 분해조립

6강   7. 솥 정(鼎) 분해조립

6강 8. 절구 구(臼) 분해조립

복습질문

1. 장군 부(缶)자에 대한 설명으로 옳은 것은?

① 장군들이 사용하던 그릇을 칭하던 말이다.
② 똥오줌을 담아 나르던 그릇을 똥장군이라 한다. 따라서 물이나 술, 간장 등 액체를 담는 그릇이나 용기를 이르는 표현으로 실제 군대 장군과는 아무런 관련이 없는 글자이다.
③ 보배 보(寶)자에도 장군 부(缶)자가 들어가 있는 것으로 보아 장군 부(缶)자가 그릇이나 용기를 가리키는 글자임을 알 수 있다.
④ 큰 산 악(岳)자와는 모습이 비슷하긴 하나 다른 글자이다.

2. 아동(兒童)의 아이 아(兒)자에 대한 설명으로 옳은 것은?

① 절구 구(臼)자와 사람 인(儿)자가 합쳐진 글자이다.
② 현재의 글자는 분명히 절구 구(臼)자처럼 생겼지만, 옛 그림은 땋은 머리카락이 강조된 사람임을 알려 준다. 그러한 머리를 하고 있는 사람들이 주로 아이들이었기에 아이 아(兒)자가 된 것이다.
③ 절구 구(臼)자가 사용된 것을 보면 어린아이들은 어른과 비교해서 머리에 든 것이 적다하여 이 글자가 만들어졌을 것이다.
④ 양손 국(臼)자와 꼴이 비슷하다. 실제로 양손 국(臼)자가 단독으로 사용되지도 못하며, 타 글자와 합쳐질 때 분명하게 글사가 둘로 나뉘어서 표기되지 못함으로 인해 두 글자 모두 함께 쓰일 경우가 많다. 그러나 옛 글자나 그림을 보면 두 글자는 완전히 다른 글자임을 알 수 있다.

3. 솥 정(鼎)자에 대한 설명으로 틀린 것은?

① 세 발 혹은 네 발 솥 모양을 본 떠 만든 글자이다.
② 글자가 복잡하기 때문에 타 글자와 합쳐질 때는 흔히 조개 패(貝)자로 바뀌어 사용되는 경향이 많다.
③ 화로처럼 생긴 발이 셋 달린 청동기 솥이나 가마 모양을 본뜬 글자인 솥 력(鬲)자와 비슷한 쓰임새를 가지고 있는 글자로 봐도 무방하다.
④ 솥 정(鼎)자나 솥 력(鬲)자 모두 음(音)이 다르기 때문에 완전히 다른 글자이다.

4. 콩 두(豆)자에 대한 설명으로 옳은 것은?

① 콩의 생김새를 보고 만들었기에 '콩'의 뜻을 갖게 된 글자로 주로 '콩'의 뜻으로만 사용된다.
② 머리가 볼록하고 가운데가 홀쭉한 굽 높은 제기(祭器)나 제단의 모양을 본뜬 글자로서 원뜻은 제기나 제단이고 그 모양이나 발음으로 인해 훗날 '콩'의 뜻이 첨가되었을 뿐이다.
③ 그래서 등산(登山)의 오를 등(登)자에 제기/콩 두(豆)자가 들어가 있는 것이다.
④ 오를 등(登)자는 제물이 담긴 제기(祭器)를 들고 제단에 오르는 모습에서 '오르다'의 뜻을 갖게 되었으므로 두(豆)자가 제기(祭器)와 같은 그릇을 본 떠 만든 글자라는 것을 알 수 있다.

자연 편 自然

1강 1. 자연 대분류

동물/산천초목/천체/기타

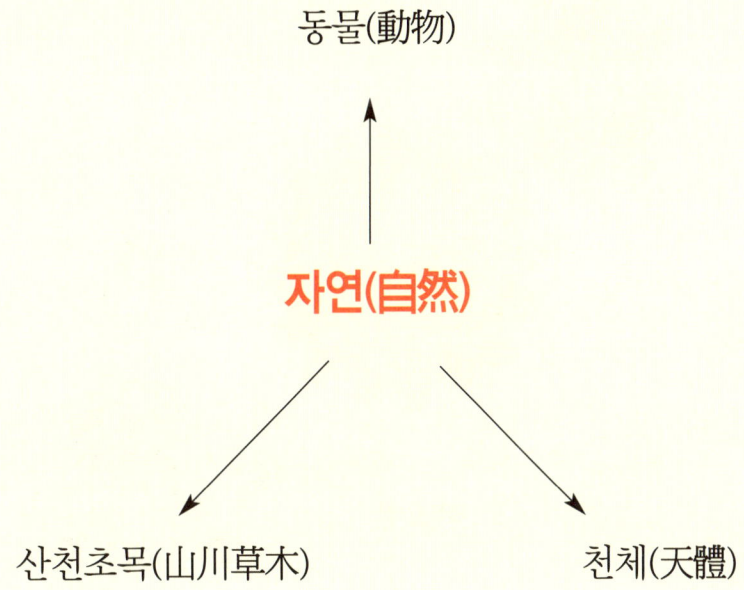

1강   2. 동물 대 분류

동물과 관련된 기본글자

약한 동물에서 강한 동물 순으로

- 육지동물
- 동물
- 부산물 — 가죽, 뼈, 고기 등
- 어조류 — 물고기와 새 같은 어조류

1강 3. 육상동물 대 분류

1강   **4. 양 양(羊) 분해조립**

1강 5. 개 견(犬) 분해조립

자연편 163

1강 6. 돼지 시(豕)/범 호(虎) 분해조립

1강 7. 소 우(牛) 분해조립

마(馬)/험(驗)/려(麗)

복습질문

1. 자연을 크게 셋으로 분류할 때 옳은 것은?

    ① 하늘, 땅, 바다
    ② 동물, 어조류, 부산물
    ③ 동물, 산천초목, 천체
    ④ 사람, 지구, 산천초목

2. 개 견(犬)자에 대한 설명으로 옳은 것은?

    ① 꼬랑지를 치켜 세운 개의 모습을 본뜬 글자가 충견(忠犬)의 개 견(犬)자이다.
    ② 타 글자와 함께 쓸 때는 반드시 이러한 꼴(犭)로 써야 한다.
    ③ 사자 사(獅)자나 낭패(狼狽)에서 보듯이 대부분 이러한 꼴(犭)로 사용해야 하지만 자연(自然)의 그러할 연(然)자처럼 꼭 그런 것은 아님을 알 수 있다.
    ④ 사자 사(獅)자나 낭패(狼狽)에서 보듯이 개 정도 되는 크기의 동물을 묘사할 때는 주로 이러한 꼴(犭)로 사용된다.

3. 아래의 설명 중 틀린 것은?

    ① 미인(美人)의 아름다울 미(美)자는 아마 멋진 양의 뿔로 장식을 한 장정의 모습이거나 통통하고 살찐 양의 모습을 본뜬 글자일 것이다. 이 외에도 양을 어깨에 들쳐 메고 있는 장정의 모습을 본뜬 것이라는 설도 있다.
    ② 양 양(羊)자는 양(羊)처럼 살찐 사람(大)을 미인으로 여겼음을 알려주는 글자이다.
    ③ 특별(特別)하다의 특별할 특(特)자는 소 우(牛)자와 절 사(寺)자의 합자이다.
    ④ 특(特)자를 보면 옛날 절에서는 소를 잡아 먹었음을 알 수 있다.

2강 1. 어조류와 부산물 대 분류

어류(魚類)

- 물고기나 조개류 등

조류(鳥類)

- 새와 날개 등

부산물(副產物)

- 뼈나 뿔, 고기, 털 등의 부산물

- 동물이나 새의 발자국 등

2강 2. 조류와 곤충

2강 3. 어류

2강   4. 부산물

2강 5. 고기 육(肉) 분해조립

자연편 171

2강

6. 가죽 피(皮), 가죽 위(韋) – 무두질한 가죽

2강   7. 터럭 삼(彡)

2강 　**8. 발자국 유(禸) / 분별할 변(釆)**

2강 9. 돼지머리 계(彑)/뿔 각(角) 분해조립

자연편 175

2강 10. 새 추(隹) 분해조립

2강 11. 조(鳥)/새 을(乙) 분해조립

2강   12. 깃 우(羽)/아닐 비(非) 분해조립

2강 13. 벌레 충(虫) 분해조립

복습질문

1. 동물에 대한 설명으로 옳은 것은

   ① 동물은 육지동물, 어조류, 부산물 등으로 나눈다.
   ② 부산물에는 고기나 뼈, 가죽 등이 포함된다.
   ③ 새를 나눌 때는 날개나 발자국도 포함시킨다.
   ④ 어류에는 조개나 곤충 등이 포함된다.

2. 별/때 신(辰)자에 대한 설명으로 틀린 것은?

   ① '별, 때, 지지' 등의 훈을 가지고 있으나 이 글자는 조개를 본떠 만든 글자이므로 어류 쪽에 포함된다.
   ② 농사(農事) 농(農)자를 보면 대왕조개 같은 것으로 추수할 때 낫 대용으로 사용했음을 알 수 있다. 따라서 신(辰)자는 조개를 본뜬 글자가 틀림없다.
   ③ 일월(日月)성신(星辰)에서 보듯 신(辰)자는 별을 본뜬 글자이다.
   ④ 신(辰)자가 별의 뜻으로 사용되는 경우는 많지 않고 주로 조개의 뜻으로 더 많이 사용된다.

3. 다른 글자와 공통점이 없는 것은?

   ① 우(羽)   ② 비(非)   ③ 비(飛)   ④ 변(釆)

4. 다음 설명 중 옳은 것은?

① 털 모(毛)자는 짐승이나 사람의 털을 의미한다.
② 가죽 혁(革)자는 짐승 한 마리의 가죽을 통째로 벗겨 놓은 모습을 본뜬 글자이다.
③ 가죽 피(皮)자는 짐승의 가죽을 벗기는 모습에서 만들어진 글자이다.
④ 위(韋)자는 무두질하거나 무두질한 가죽을 의미한다.

5. 고기 육(肉)자에 대한 설명으로 틀린 것은?

① 단독으로도 사용되지만 타 글자와 합쳐질 때는 모두 달 월(月)자의 꼴을 하게 된다.
② 달 월(月)자가 들어 있는 글자가 고기 육(肉)의 의미로 사용될 경우 육 달 월이라 부르기도 한다.
③ 부패(腐敗)의 썩을 부(腐)자는 관청/곳집/마을 부(府)자와 고기 육(肉)의 합자이므로 관청 등에 고기를 뇌물로 주는 것이 관행이거나 당시 풍습이었음을 알려준다.

3강

1. 산천초목 대 분류

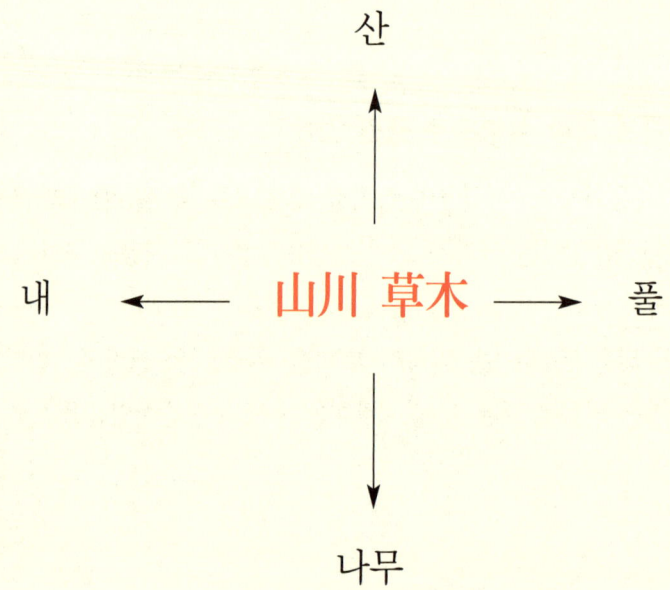

3강　2. 뫼 산(山)

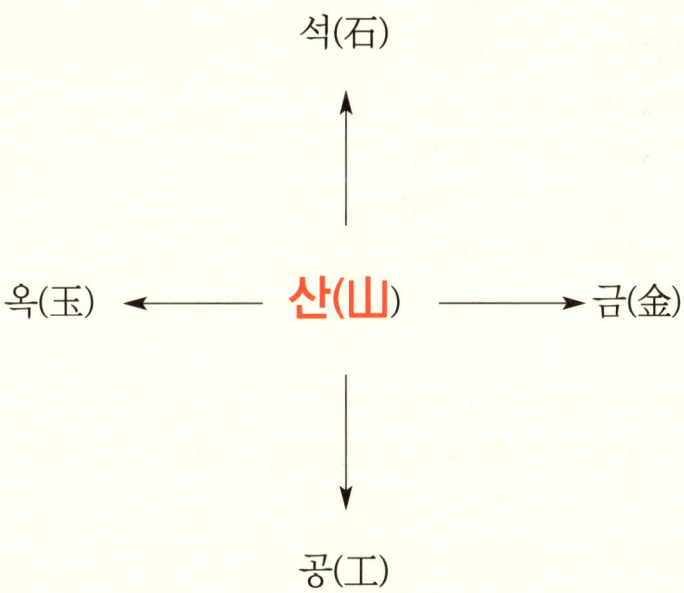

3강 3. 뫼 산(山) – 산(山)자가 들어간 글자들 분석

- 협곡(峽谷)의 골짜기 협(峽)
- 기로(岐路)의 갈림길 기(岐)
- 대관령(大關嶺)의 재 령(嶺)
- 암벽(巖壁)의 바위 암(巖) = 암(岩)
- 연안(沿岸)의 언덕 안(岸)
- 산악(山岳)의 큰 산 악(岳)
- 숭배(崇拜)의 높을 숭(崇)
- 붕괴(崩壞)의 무너질 붕(崩)
- 여의도(汝矣島)의 섬 도(島)
- 신선(神仙)의 신선 선(仙)

- 계곡(溪谷)의 골 곡(谷)
- 목욕(沐浴)의 목욕할 욕(浴)
- 욕구불만(欲求不滿)의 하고자 할/바랄 욕(欲)
- 욕망(慾望)의 욕심/탐낼 욕(慾)
- 세속(世俗)의 풍속/관습 속(俗)
- 부유(富裕)의 넉넉할 유(裕)
- 용서(容恕)의 용서할/받아들일 용(容)
  =용모(容貌)의 얼굴 용(容)

- 파쇄(破碎)의 깨뜨릴 파(破)/부술 쇄(碎)
- 연마(研磨)의 갈 연(研)/갈 마(磨)
- 기초(基礎)의 주춧돌 초(礎)
- 비석(碑石)의 돌기둥 비(碑)
- 대포(大砲)의 대포/돌쇠뇌 포(砲)
- 벽계수(碧溪水)의 푸를 벽(碧)

3강 4. 구슬 옥(玉)자의 분해조립

- 구슬 옥(玉) + 칼 도(刂) = 반장(班長)의 나눌 반(班)

- 구슬 옥(玉) + 무늬 문(文) = 반점(斑點)의 얼룩 반(斑)

- 구슬 옥(玉) + 두 손 공(廾) = 희롱(戲弄)의 희롱할 롱(弄)

- 구슬 옥(玉) + 마을 리(里) = 이치(理致)의 다스릴 리(理)

- 구슬 옥(玉) + 볼 견(見) = 현재(現在)의 나타날 현(現)

3강 5. 쇠 금(金) 분해조립

- 금은(金銀)의 쇠 금(金)/은 은(銀)
- 동광(銅鑛)의 구리 동(銅)/쇳돌 광(鑛)
- 연철(鉛鐵)의 납 연(鉛)/쇠 철(鐵)
- 철강(鐵鋼)의 강철 강(鋼)
- 주조(鑄造)의 쇠 부어 만들 주(鑄)
- 착각(錯覺)의 어긋날/섞일 착(錯)
- 단련(鍛鍊)의 쇠 불릴 단(鍛)/불릴/단련할 련(鍊)
- 예리(銳利)의 날카로울 예(銳)
- 둔감(鈍感)의 무딜 둔(鈍)
- 기록(記錄)의 기록할 록(錄)
- 기명(記銘)의 새길 명(銘)
- 침구(鍼灸)의 침 침(鍼)
- 마부위침(磨斧爲針)의 바늘 침(針)
- 동전(銅錢)의 돈 전(錢)
- 명경지수(明鏡止水)의 거울 경(鏡)
- 총포상(銃砲商)의 총 총(銃)
- 귀감(龜鑑)의 거울 감(鑑)
- 종로(鐘路)의 종 종(鐘)

3강 6. 장인 공(工) 분해조립

- 공구(工具)의 장인 공(工)
- 허공(虛空)의 빌 공(空)
- 무공훈장(武功勳章)의 공 공(功)
- 공격(攻擊)의 칠 공(攻)
- 공포(恐怖)의 두려울 공(恐)
- 강변(江邊)의 강 강(江)
- 홍엽(紅葉)의 붉을 홍(紅)
- 항목(項目)의 목 항(項)
- 법식(法式)의 법 식(式)
- 시험(試驗)의 시험할 시(試)
- 좌우(左右)의 왼 좌(左)
- 무고죄(誣告罪)의 속일/무고할 무(誣)
- 공교(工巧)의 공교할 교(巧)

3강   7. 물 수(水)

- 수영(水泳)의 물 수(水)/헤엄칠 영(泳)
- 영원(永遠)의 길 영(永)
- 소택지(沼澤地)의 늪 소(沼)/못 택(澤)
- 청담(靑潭)의 못/깊을 담(潭)

- 온천(溫泉)의 따뜻할 온(溫)/샘 천(泉)
- 한강(漢江)의 한수 한(漢)/강 강(江)
- 하천(河川)의 강 이름 하(河)/내 천(川)
- 호반(湖畔)의 호수(湖水) 호(湖)/두둑 반(畔)
- 해양(海洋)의 바다 해(海)/바다 양(洋)
- 심해(深海)의 깊을 심(深)
- 항만(港灣)의 항구 항(港)/물굽이 만(灣)
- 포구(浦口)의 개 포(浦)

- 어선(漁船)의 고기 잡을 어(漁)
- 침몰(沈沒)의 가라앉을 침(沈)/가라앉을 몰(沒)
- 파도(波濤)의 물결 파(波)/큰 물결 도(濤)
- 만조(滿潮)의 찰 만(滿)/조수 조(潮)
- 창일(漲溢)의 불을 창(漲)/넘칠 일(溢)
- 범람(氾濫)의 넘칠 범(氾)/퍼질 람(濫)
- 홍수(洪水)의 큰물 홍(洪)

- 발한(發汗)의 땀 한(汗)
- 누설(漏泄)의 샐 루(漏)
- 최루(催淚)의 눈물 루(淚)
- 읍소(泣訴)의 울 읍(泣)
- 액체(液體)의 진 액(液)
- 활기(活氣)의 살 활(活)

- 담수(淡水)의 묽을 담(淡)
- 전답(田畓)의 논 답(畓)
- 재앙(災殃)의 재앙 재(災)

- 순종(順從)의 순할 순(順)
- 훈련(訓練)의 가르칠 훈(訓)

- 삼각주(三角洲)의 섬 주(洲)
- 제주(濟州)의 고을 주(州)
- 순항(巡航)의 돌 순(巡)

3강 8. 비 우(雨)

우산(雨傘)의 비 우(雨)

\+ 힘쓸 무(務) = 운무(雲霧)의 구름 운(雲)/안개 무(霧)

\+ 손 계(彐) = 상설(霜雪)의 서리 상(霜)/눈 설(雪)

\+ 영 령(令) = 영하(零下)의 떨어질/비 올 영(零)

\+ 펼 신(申) = 전기(電氣)의 번개 전(電)

\+ 밭 전(田) = 낙뢰(落雷)의 우레 뢰(雷)

\+ 조개 신(辰) = 진동(震動)의 벼락 진(震)

3강 9. 얼음 빙(冫)

+ 물 수(水) = 빙하(氷河)의 얼음 빙(氷)

+ 동녘 동(東) = 냉동(冷凍)의 찰 냉(冷)/얼 동(凍)

+ 집 면(宀) + 수풀우거질 망(茻)
= 엄동설한(嚴冬雪寒)의 겨울 동(冬)/찰 한(寒)

+ 높을 경(京) = 처량(凄凉)의 서늘할 량(凉)

복습질문

1. 은(銀)/동(銅)/연(鉛) 등에 공통적으로 들어있는 쇠 금(金)자에 대한 설명으로 옳은 것은?

   ① 의미요소로 사용되었다.
   ② 쇠 금(金)자를 금속의 공통분모로 여겼음을 알 수 있다.
   ③ 은(銀)/동(銅)/연(鉛) 등에는 분명히 금(金) 성분이 들어 있을 것이다.
   ④ 옛날에는 은(銀)/동(銅)/연(鉛) 등에 금(金)을 넣어 만들었을 것이다.

2. 아래의 설명 중 옳은 것은?

   ① 산(山)에는 바위도 많고 돌도 많으므로 돌 석(石)자를 산(山)과 연관시켜 생각하는 것이 좋다.
   ② 옥(玉)도 돌의 일종이므로 산과 연관시켜 생각하는 것이 좋고 많은 금속들이 산에 묻혀있는 경우가 많았으므로 쇠 금(金)자도 산과 연관시켜 생각하는 것이 좋을 것이다.
   ③ 골 곡(谷)자는 산의 계곡을 본뜬 글자이므로 뫼 산(山)과 연관 시키는 것이 좋다.
   ④ 여유(餘裕)의 넉넉할 유(裕)자는 옷 의(衣)자와 골 곡(谷)자의 합자로 치마나 계곡이 아래로 내려올수록 넓어지는 모습에서 '여유롭다'의 뜻이 파생되었을 것이다.

3. 물 수(氵)자가 의미요소로 들어가 있는 글자가 아닌 것은?

   ① 읍소(泣訴)의 울 읍(泣)
   ② 액체(液體)의 진 액(液)
   ③ 해양(海洋)의 바다 해(海)/바다 양(洋)
   ④ 심해(深海)의 깊을 심(深)

4. 안개 무(霧)자에 대한 설명으로 옳은 것은?

① 힘쓸/일 무(務)자와 비 우(雨)자를 합쳐놓은 글자이다.
② 안개 낀 날은 앞으로 나아가기 힘들므로 힘쓸/일 무(務)자를 의미요소 겸 발음으로 이용했을 것이다.
③ 안개 낀 날은 힘들게 일하지 않았으므로 힘쓸/일 무(務)자를 의미요소 겸 발음으로 이용했을 것이다.
④ 안개도 일종의 자잘한 비의 일종이므로 비 우(雨)자도 의미요소로 작용하고 있다.

4강　1. 초목

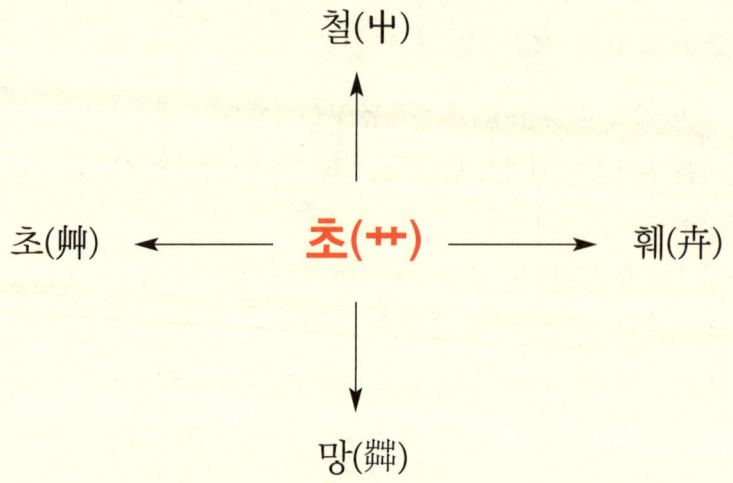

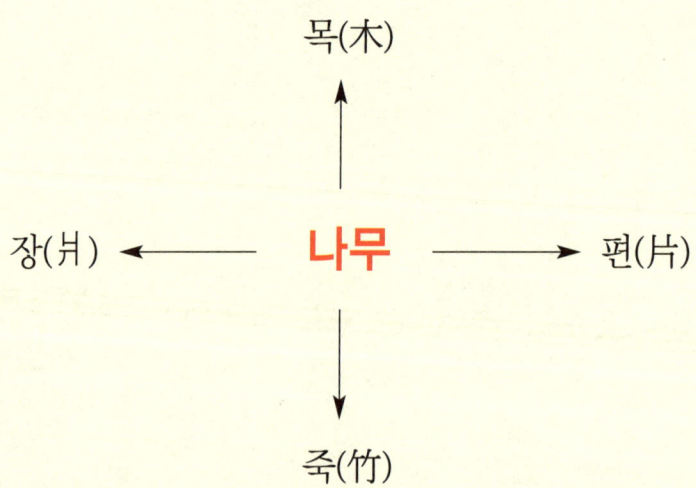

4강 2. 산천 초목의 초목

싹 날 철(屮)

+ 싹 날 철(屮) = 풀 초(艹) = 초(艸)

+ 새벽 조(早) = 초목(草木)의 풀 초(草)

+ 될 화(化) = 화훼(花卉)의 꽃 화(花)

+ 풀 초(艹) = 풀 훼(卉)

싹 날 철(屮)자 네 개를 합하면

수풀/잡풀 우거질 망(茻)

+ 해 일(日) = 막상막하(莫上莫下)의 없을 막(莫)

+ 죽을 사(死) = 수장(樹葬)의 장사지낼 장(葬)

자연편 195

- 부정(不定)/불능(不能)의 아닐/아니할/없을/못할/말 부/불(不)
- 부결(否決)/거부권(拒否權)의 아닐 부(否)/막힐 비(否)
- 비운(丕運)의 클 비(丕)

- 세상(世上)의 인간/대/세상 세(世)
- 생존(生存)의 날 생(生)
- 입춘(立春)/춘삼월(春三月)의 봄 춘(春)

- 엽서(葉書)의 잎 엽(葉)
- 발아(發芽)의 싹 아(芽)
- 영웅(英雄)의 꽃부리 영(英)
- 녹음방초(綠陰芳草)의 꽃다울 방(芳)
- 약초(藥草)의 약 약(藥)
- 소생(蘇生)의 일어날 소(蘇)
- 채소(菜蔬)의 나물 채(菜)/푸성귀 소(蔬)
- 녹차(綠茶)의 차 차(茶)

4강   3. 부풀/침 부(音)

부풀/침 부(音)

- 배양(培養)/재배(栽培)의 북돋을/배양할 배(培)
- 배가(倍加)/배수(倍數)/배율(倍率)의 곱/점점 배(倍)
- 부서(部署)/부장(部長)의 떼/거느릴 부(部)

- 끌/이끌/만날 봉(夅)
- 상봉(相逢)의 만날 봉(逢)
- 우방(友邦)/맹방(盟邦)의 나라 방(邦)
- 혜성(彗星)의 살별/빗자루 혜(彗)
- 손해(損害)/피해(被害)/방해(妨害)/해충(害蟲) 해할/해로울/해칠 해(害)
- 풀 무성할/예쁠 봉(丰)

4강 4. 날 생(生)

생존(生存)/생사(生死)의 날/살/서투를 생(生)

+ 여자 여(女) = 성씨(姓氏)의 성/성씨 성(姓)

+ 마음 심(忄) = 성품(性品)의 성품 성(性)

+ 선비 언(彦) = 출산(出産)의 낳을 산(産)

+ 해 일(日) = 혜성(彗星)/혹성(惑星)의 별 성(星)

4강 5. 나무 목(木)

- 초목(草木)의 나무 목(木)
- 근본(根本)의 뿌리 근(根)/밑 본(本)
- 지엽(枝葉)의 가지 지(枝)/잎 엽(葉)

- 식목(植木)의 심을 식(植)
- 과수(果樹)의 나무 수(樹)
- 재목(材木)의 재목 재(材)

- 단풍(丹楓)의 단풍나무 풍(楓)
- 오비이락(烏飛梨落)의 배나무 리(梨)
- 무릉도원(武陵桃源)의 복숭아 나무 도(桃)

- 집합(集合)의 모일 집(集)
- 혼잡(混雜)의 섞일 잡(雜)
- 조종(操縱)의 잡을 조(操)

- 미숙(未熟)의 아닐 미(未)
- 자매(姉妹)의 누이 매(妹)
- 말기(末期)의 끝 말(末)
- 포말(泡沫)의 거품 말(沫)

- 과수원(果樹園)의 실과/열매 과(果)
- 휴일(休日)의 쉴 휴(休)
- 염색(染色)의 물들일 염(染)
- 가교(架橋)의 시렁 가(架)
- 교량(橋梁)의 다리 교(橋)

- 임야(林野)의 수풀 림(林)
- 삼림(森林)의 나무 빽빽할 삼(森)

- 자극(刺戟)의 찌를 자(刺)
- 대책(對策)의 꾀/채찍 책(策)

- 동방(東方)의 동녘 동(東)

- 결속(結束)의 묶을 속(束)
- 시속(時速)의 빠를 속(速)
- 정리(整理)의 가지런할 정(整)

- 서간(書柬)의 가릴 간(柬)
- 간언(諫言)의 간할 간(諫)
- 간택(揀擇)의 가릴 간(揀)
- 연습(練習)의 익힐/단련할/연습할 련(練)
- 단련(鍛鍊)의 불릴/달굴/단련할 련(鍊)
- 연유(煉乳)/연옥(煉獄)의 달굴/정련할/불릴 련(煉)

4강　6. 나뭇조각 장(爿)

- 장사(壯士)/웅장(雄壯)의 장할/굳셀/씩씩할 장(壯)

- 상장(上狀)의 문서 장(狀)/형상(形狀)의 형상 상(狀)

- 장수(將帥)의 장수 장(將)/장래(將來)의 장차 장(將)

- 편주(片舟)의 조각 편(片)

- 재판(再版)의 널/널빤지/책 판(版)

- 문패(門牌)의 패 패(牌)

4강   7. 대 죽(竹)

- 죽간(竹簡)의 대 죽(竹)/대쪽/편지/간략할 간(簡)
- 필기구(筆記具)의 붓 필(筆)
- 서적(書籍)의 문서 적(籍)
- 등급(等級)의 가지런할 등(等)
- 대답(對答)의 대답 답(答)

- 책방(冊房)의 책 책(冊)
- 시편(詩篇)의 책 편(篇)
- 편집(編輯)의 엮을 편(編)
- 사전(辭典)의 법 전(典)
- 후사(後嗣)의 이을 사(嗣)

- 윤리(倫理)의 인륜 륜(倫)
- 논리(論理)의 논할/서술할 논(論)

- 주관(主管)의 대롱/피리/주관할 관(管)
- 기적(汽笛)의 피리 적(笛)
- 계산(計算)의 셀/셈 산(算)

복습질문

1. 나무 목(木)자에 대한 설명으로 틀린 것은?

   ① 조각 편(片)/장(爿)자는 나무를 둘로 나누어 놓은 모습을 본뜬 글자이다.
   ② 근본(根本)이라는 단어도 초목의 뿌리를 염두에 두고 만든 글자이다.
   ③ 아닐 미(未)나 끝 말(末) 모두 나무의 줄기나 가지를 이용하여 만든 글자들이다.
   ④ 복숭아나무 도(桃)자에서 보듯 과일 나무를 포함 다양한 나무들을 뜻하는 글자를 만들 때 나무 목(木)자가 의미요소로 사용된다.

2. 장례(葬禮)의 장사지낼 장(葬)자에 대한 설명으로 옳은 것은?

   ① 죽은 사람을 풀숲, 숲속에 묻었음을 알려준다.
   ② 수풀 우거질 망(茻)자와 죽을 사(死)자가 합쳐진 글자이다.
   ③ 풀(艹) 즉 꽃으로 단장한 상여(死)를 많은 사람들이 들고(廾) 나르는 모습을 본뜬 글자이다.
   ④ 찰 한(寒)자에도 장사지낼 장(葬)자와 똑같은 수풀 우거질 망(茻)자가 들어 있다.

3. 책방(冊房)의 책 책(冊)자에 대한 설명으로 옳은 것은?

   ① 대(竹)를 얇게 만들어 그 위에 글을 써서 엮어 책을 만들었음을 알려주는 글자이다.
   ② 후사(後嗣)의 이을 사(嗣)자에도 책 책(冊)자가 들어 있는 것으로 보아 족보를 맡을 사람이 곧 후사라는 사실을 강조한 글자이다.
   ③ 사전(辭典)의 법 전(典)자는 책 책(冊)자와 양 손 공(廾)자의 합자로 책을 들고 있는 모습을 본뜬 글자이다.
   ④ 책 책(冊)자는 엮어 놓은 울타리를 본떠 만든 글자이다.

복습질문

4. 아니 불(不)자와 부풀 부(音)자에 대한 설명으로 옳은 것은?

① 아니 불(不)자는 땅을 뚫고 나오려는 식물을 본뜬 글자로 아직 밖으로 나오지 않은 모습에서 '아니다'의 뜻을 갖게 된 글자이다.

② 부풀 부(音)자는 막 땅을 뚫고 올라오기 위해 땅이 부풀어 있는 모습을 본뜬 글자이다.

③ 부서(部署)의 거느릴 부(部)자는 부풀 부(音)자와 고을 읍(邑=阝)자를 합친 글자이다.

④ 잔 배(盃)자에 들어 있는 아닐 부(不)자는 발음기호이다.

5강   **1. 천체 및 기타 – 해, 달, 별, 숫자, 기타**

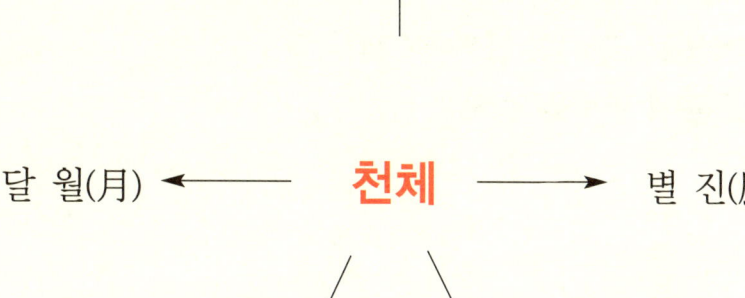

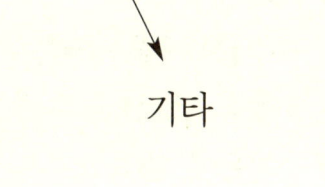

5강　2. 해 일(日)

- 일요일(日曜日)의 해 일(日)/빛날 요(曜)
- 원단(元旦)의 아침 단(旦)
- ·조조할인(早朝割引)의 이를/새벽 조(早)
- 주간(晝間)의 낮 주(晝)/사이 간(間)
- 승진(昇進)의 오를 승(昇)
- 영화(映畵)의 비출/비칠 영(映)
- 경치(景致)의 볕 경(景)
- 막상막하(莫上莫下)의 없을 막(莫)
- 흑암(黑暗)의 어두울 암(暗)

▶ 해 일(日) + 꿩 적(翟) =
▶ 해 일(日) + 되 승(升) =
▶ 해 일(日) + 수풀우거질 망(茻) =
▶ 해 일(日) + 높을 경(京) =
▶ 해 일(日) + 가운데 앙(央) =
▶ 해 일(日) + 열 십(十) =
▶ 해 일(日) + 한 일(一) =
▶ 해 일(日) + 문 문(門) =

5강 3. 볕 양(陽)

- 양지(陽地)의 볕 양(陽)
- 게양(揭揚)/양력(揚力)의 날릴/오를/올릴 양(揚)
- 장소(場所)의 마당 장(場)
- 욕탕(浴湯)/냉탕(冷湯)의 끓일 탕(湯)
- 탕감(蕩減)의 쓸어 없앨/방탕할/방종할/흔들 탕(蕩)

- 교역(交易)/역지사지(易地思之)의 바꿀 역(易)
- 용이(容易)/난이도(難易度)의 쉬울 이(易)
- 하사(下賜)/선사(膳賜)의 줄 사(賜)

- 중순(中旬)/초순(初旬)의 열흘 순(旬)
- 순직(殉職)의 따라 죽을 순(殉)

- 창성(昌盛)/번창(繁昌)의 창성할/번성할/경사 창(昌)
- 합창(合唱)의 부를/노래 창(唱)

- 세모(歲暮)의 저물 모(暮)
- 사모(思慕)/연모(戀慕)의 그릴/그리워 할 모(慕)
- 묘실(墓室)/묘지(墓地)의 무덤 묘(墓)
- 사막(砂漠/沙漠)의 넓을/사막 막(漠)

- 포학(暴虐)/폭동(暴動)의 사나울 포/폭/햇볕 쪼일 폭(暴)
- 폭발(爆發)의 불 터질/폭발할 폭(爆)
- 폭포(瀑布)의 폭포 폭(瀑)

5강   4. 달 월(月)

- 만월(滿月)/월광(月光)의 달 월(月)
- 광명(光明)의 밝을 명(明)
- 명랑(明朗)/낭독(朗讀)의 밝을 랑(朗)
- 망향(望鄕)의 바랄 망(望)

- 석간(夕刊)/석양(夕陽)의 저녁 석(夕)
- 외부(外部)의 바깥 외(外)
- 해몽(解夢)/몽상(夢想)의 꿈 몽(夢)
- 명함(名銜)/성명(姓名)의 이름 명(名)

- 누워 뒹굴 원(夗)
- 원한(怨恨)의 원망할 원(怨)

- 다량(多量)의 많을 다(多)

5강 5. 별/날 신/지지 진(辰)

- 성신(星辰)의 별/다섯째 지지 진(辰)/때 신(辰)
- 진동(振動)의 떨칠 진(振)
- 농촌(農村)의 농사(農事) 농(農)
- 계신(鷄晨)의 새벽 신(晨)
- 능욕(凌辱)/모욕(侮辱)/굴욕(屈辱)의 욕될/더럽힐 욕(辱)
- 순망치한(脣亡齒寒)의 입술 순(脣)

▶ 때 신(辰) + 손 수(扌) =
▶ 때 신(辰) + 굽을 곡(曲) =
▶ 때 신(辰) + 해 일(日) =
▶ 때 신(辰) + 손 촌(寸) =
▶ 때 신(辰) + 육 달 월(月) =

5강   6. 삐침 별(丿)

오른쪽에서 왼쪽으로 사선(斜線)을 그어 놓은 글자가 삐침 별(丿). 왼쪽에서 오른쪽으로 사선(斜線)을 그어 놓은 글자가 파임 불(乀)

*특별한 의미가 없는 글자이다. 단순히 글자의 모양에 주로 영향을 끼칠 뿐 의미는 거의 없다고 봐도 좋다. '삐침'이라는 훈도 글자의 모양이 오른쪽이든 왼쪽이든 기울어져 있다 하여 붙인 것뿐이다.

- 내핍(耐乏)/결핍(缺乏)의 모자랄/가난할 핍(乏)
- 이왕지사(已往之事)의 갈 지(之)
- 내지(乃至)의 이에/곧/비로소 내(乃)
- 언재호야(焉哉乎也)의 어조사 호(乎)

- 뚫을 곤(丨)
- 중앙(中央)/심중(心中)의 가운데 중(中)

갈고리 궐(亅)자는 그물을 만들 때 쓰는 바늘 모양을 본뜬 글자이다. 그런데 정작 갈고리의 뜻으로 의미기여를 하는 경우는 많지 않고 단순히 모양만 같아서 갈고리 궐(亅)부수 편에 함께 정리를 해 둔 경우가 사실은 더 많다.

- 종료(終了)/수료(修了)/완료(完了)의 마칠/밝을 료(了)
- 소설(小說)/약소국(弱小國)의 작을 소(小)

7. 갈고리 궐(亅)자가 부호나 기호에 불과함

자연편 211

5강

8. 기타 점 주(丶) 분해조립

5강　9. 숫자

- 통일(統一)/일국(一國)의 한 일(一)
- 상급생(上級生)의 위/윗 상(上)
- 하수(下手)/하산(下山)/상하(上下)의 아래 하(下)
- 이류(二流)의 두 이(二)
- 오색(五色)/오감(五感)의 다섯 오(五)
- 오등(吾等)의 나/우리 오(吾)
- 언어(言語)의 말씀 어(語)

- 어조사 우(于)자
- 우주(宇宙)의 집 우(宇)
- 운운(云云)의 이를/구름 운(云)
- 상호(相互)/호각지세(互角之勢)의 서로 호(互)
- 관정(管井)/천정(天井)의 우물 정(井)

- 팔등신(八等身)/팔방미인(八方美人)의 여덟 팔(八)
- 절반(折半)/과반수(過半數)의 반/절반 반(半)
- 분배(分配)/분할(分割)/분단(分斷)의 나눌 분(分)
- 공사(公私)/공평(公平)의 공평할/공변될 공(公)
- 기타(其他)/기실(其實)의 그 기(其)

- 육십(六十)의 여섯 육/륙(六)

- 십시일반(十匙一飯)의 열 십(十)
- 십장(什長)의 열 사람 십(什)
- 협동(協同)/협회(協會)의 화합할/합할/도울 협(協)
- 액즙(液汁)/포도즙(葡萄汁)의 즙 즙(汁)
- 박사(博士)/해박(該博)/박물관(博物館)의 넓을 박(博)
- 수천(數千)의 일천 천(千)
- 칠전팔기(七顚八起)의 일곱 칠(七)
- 정오(正午)/오후(午後)의 낮/일곱째 지지 오(午)
- 조로(早老)/조조할인(早朝割引)의 이를/새벽 조(早)
- 남북(南北)/남남북녀(南男北女)의 남녘 남(南)
- 비천(卑賤)/비열(卑劣)의 낮을/천할 비(卑)

복습질문

1. 다음 글자 중 시간상으로 가장 빠름을 뜻하는 글자는?

   ① 조조(早朝)의 새벽 조(早)
   ② 조찬(朝餐)의 아침 조(朝)
   ③ 욱일승천(旭日昇天)의 오를 승(昇)
   ④ 욱일승천(旭日昇天)의 아침 해 욱(旭)

2. 세모(歲暮)의 저물 모(暮)자와 암흑(暗黑)의 어두울 암(暗)자에 대한 설명으로 틀린 것은?

   ① 저물 모(暮)자가 암(暗)자 보다 더 어두운 시간대를 나타내는 글자이다.
   ② 어두울 암(暗)자가 저물 모(暮) 보다 더 어두운 시간대를 나타내는 글자이다.
   ③ 어두울 암(暗)자는 시간대와 관계없이 어둠을 나타내기 위해서도 사용된다.
   ④ 저물 모(暮)자는 해가 서산으로 넘어가거나 넘어가 없어졌음을 알려주는 글자이다.

3. 성신(星辰)의 신(辰)자에 대한 설명으로 옳은 것은?

   ① 별의 뜻으로만 사용된다.
   ② 계신(鷄晨)의 새벽 신(晨)자에서 보듯 신(辰)자는 별을 뜻하는 글자이다.
   ③ 농사(農事)의 농사 농(農)자나 진동(震動)의 벼락 진(震)자에서 보듯 대왕조개처럼 큰 조개를 본떠 만든 글자로서 별 보다는 조개의 의미를 갖는 경우가 더 많다.
   ④ 원래는 조개를 본뜬 글자이므로 그 본뜻으로도 사용되나 별의 뜻을 갖는 경우도 있으므로 주의를 요하는 글자이다.

복습질문

4. 아래의 해설 중 틀린 것은?

① 일 사(事)자나 작을 소(小)자에는 갈고리 궐(亅)자가 들어 있다.
② 갈고리 궐(亅)사는 갈고리의 뜻을 갖는다.
③ 갈고리 궐(亅)자나 삐침 별(丿), 점 주(丶)자 등은 별 뜻 없이 그냥 부호나 기호로 사용되는 글자이므로 이런 글자들을 볼 경우 고정 의미가 아니라 무엇을 뜻하는 부호인지 파악하는 것이 더 중요하다.
④ 또 차(且)자의 부수자는 한 일(一)자이지만 한 일(一)과는 아무런 관련이 없다.

5. 버금 아(亞)자와 나 오(吾)자에 대한 설명으로 옳은 것은?

① 버금 아(亞)자의 부수자는 두 이(二)자이나 뜻과는 아무런 관련이 없다.
② 오등(吾等)의 나 오(吾)자는 입 구(口)자가 부수글자이다. 그러므로 다섯 오(五)자가 의미와 발음에 영향을 주었을 것이다.
③ 버금 아(亞)자는 사후에 들어갈 무덤 혹은 임금님처럼 권력자의 무덤을 본뜬 글자로 보여진다. 마치 현세의 궁궐크기와 비슷하다하여 버금가다의 뜻이 파생되었다.
④ 다섯 오(五)자가 제단을 본뜬 글자이므로 다섯 오(五)자를 '조상, 신' 등으로 해석을 해보면 나 오(吾)자가 자신의 가족을 위해 신이나 조상(五)에게 복을 비는(口) 모습에서 만들어졌음을 알 수 있다.

| 20분 | **종합 테스트** | 총 30 문제 1문항 * 3.3 = 99점 |

질문 1) – 한자의 3대 조자원리가 아닌 것은?

① 사람   ② 삶   ③ 하늘   ④ 자연

질문 2) – 그림 글자를 설명하는 말로 틀린 것은?

① 한자는 그림 글자이므로 글자의 모양이 단순하고 객관적이어야 한다.
② 그림 글자이므로 글자의 모양이 아름다워야 하고 조형미를 생각해서 만들어졌다.
③ 한자는 표음문자이지 표의문자가 아니다.
④ 한자의 갑골문의 그림이 오늘날의 글자 모양과 똑 같지는 않다.

질문 3) – 터럭 삼(彡)자에 대한 설명으로 옳은 것은?

① 터럭 삼(彡)자는 모든 털과 관련이 있으므로 머리털의 의미로도 사용되지만 이 글자가 들어가면 꾸며준다는 의미를 띠게 되어 모든 글자가 '장식'의 뜻을 갖게 된다.
② 참석(參席)의 간여할 참(參)자에 들어 있는 삼(彡)자는 '머리카락'을 뜻하지 않는다.
③ 털이 가장 많은 부분이 머리이므로 머리카락만을 뜻하는 글자이다.
④ 길게 땋은 머리카락을 본떠 만든 글자이다.

질문 4) – 휴게(休憩)의 쉴 게(憩)자에 대한 설명으로 틀린 것은?

① 혀 설(舌)자와 코에 해당하는 스스로 자(自)자와 마음 심(心)자가 합쳐진 글자이다.
② 달리기 등과 같이 힘든 운동이나 일을 하고 난 다음 가쁘게 숨을 몰아쉬는 모습에서 만들어진 글자이다.
③ 개가 숨을 헐떡거릴 때 보면 심장(心)이 마구 뛰기 때문에 혀(舌)를 내밀고 코(自)를 벌렁거리는 모습을 볼 수 있는데 바로 이런 모습은 쉬기 위한 행동임을 알 수 있다. 이

러한 모습에서 만들어진 글자이다.
④ 말을 하지 않고 심장소리를 죽이고 코로 숨을 내쉬거나 들이마시지 않는 모습에서 만들어진 글자이다.

질문 5) - 마음 심(心)자에 대한 해설로 틀린 것은?

① 심장의 모습을 본떠 만든 글자이다.
② 상징적으로는 마음의 뜻으로 쓰인다.
③ 사람의 온갖 감정과 관련된 글자에 들어가게 된다.
④ 글자의 모양이 세 가지 있다.

질문 6) - 다음 글자들 중 달 월(月)자의 쓰임새가 다른 것은?

① 소유(所有)의 있을 유(有)
② 두뇌(頭腦)의 뇌 뇌(腦)
③ 자연(自然)의 그러할 연(然)
④ 망향(望鄕)의 바랄 망(望)

질문 7) - 다음의 글자 중 손과 관련된 글자가 아닌 것은?

① 우(又)   ② 계(크)   ③ 공(廾)   ④ 복(夊)

질문 8) - 다음의 설명 중 틀린 것은?

① 경계(警戒)의 경계할 계(戒)자는 창(戈)을 들고 있는 손(廾) 즉 병사들이 창을 들고 보초를 서거나 성을 지키는 모습을 본뜬 글자이다.
② 병사(兵士)의 군사 병(兵)자는 도끼(斤)를 들고 있는 양 손(廾)에서 만들어졌다.
③ 학교(學校)의 배울 학(學)자에도 손에 해당하는 글자가 들어가 있다.

④ 감사(感謝)하다의 사례할 사(謝)자에는 손에 해당하는 글자가 없다.

질문 9) - 등질 발(癶)/어그러질 천(舛)자에 대한 설명으로 틀린 것은?

① 등질 발(癶)자는 발 두 개를 그려놓은 글자이다.
② 어그러질 천(舛)자도 발 두 개를 그려놓은 글자이다.
③ 명칭과 상관없이 이러한 글자가 들어가 있으면 무조건 발과 관련하여 생각하는 것이 좋다.
④ 등산(登山)의 오를 등(登)자와 하강(下降)의 내릴 강(降)자에 각각 등질 발(癶)자와 어그러질 천(舛)자가 들어가 있는 것으로 보아 등(登)자나 강(降)자 모두 발과 관련이 있는 글자임을 알 수 있다.

질문 10) - 공통점이 없는 것은?

① 인(人)/인(亻)/인(儿)
② 비(匕)/시(尸)/절(卩)
③ 대(大)/립(立)/천(天)/태(太)
④ 수(手)/우(又)/공(廾)

질문 11) - 주검 시(尸)자와 병부 절(卩/㔾)이나 비수 비(匕)자의 공통점은?

① 이름과 관계없이 모두 사람을 가리키는 글자이다.
② 반드시 꼬부랑 노인을 가리키는 글자이다.
③ 언제나 어린아이들만 의미한다.
④ 곧 죽으려고 하는 사람들을 의미하는 글자이다.

질문 12) - 아버지 부(父)자와 어머니 모(母) 그리고 늙은이 로(老)자의 설명 중

틀린 것은?

① 부(父)자는 수렵시대의 흔적이 남아있는 글자로 돌도끼를 손에 들고 있는 모습을 본뜬 글자이다. 사냥을 해서 가족을 부양하던 아버지의 모습이었을 것이다.
② 자식에게 젖을 물려 키우는 어머니의 모습에서 유방이 강조된 글자가 어머니 모(母)자로 발전하였다.
③ 늙은이 로(老)자는 연로한 부모님을 등에 업고 있는 모습을 본뜬 글자이다.
④ 늙은이 로(老)자는 긴 머리카락 휘날리며 지팡이를 짚고 있는 엉거주춤한 노인네의 모습을 본떠 만든 글자로 여겨진다.

질문 13) - 다음의 설명 중 틀린 것은?

① 창 과(戈)자는 날카로운 날이 달린 창을 본뜬 글자이다.
② 창 모(矛)자는 찌르는 것을 특징으로 하는 앞이 뾰족한 창을 본뜬 글자이다.
③ 창 수(殳)자는 몽둥이를 손에 들고 있는 모습을 본뜬 글자로, 창의 의미로도 사용되며 몽둥이, 배의 노 등의 의미로도 사용된다.
④ 투창(投槍)의 던질 투(投)자는 창(殳)을 손에 들고(扌) 던지는 모습에서 '던지다'의 뜻이 파생된 글자일 것이다.

질문 14) - 집 실(室)자나 집 옥(屋)자에 대한 설명으로 틀린 것은?

① 이를 지(至)자는 날아온 화살이 땅에 박혀있는 모습을 본뜬 글자로 신성시 되는 화살을 쏘아 그것이 이른 곳에 집이나 제단 등을 짓거나 세우던 풍습을 알려주는 글자이다.
② 미신을 더 믿던 옛날의 시대상황을 생각하면 위의 해설이 설득력이 있다.
③ 전쟁을 하러 가기 전이나 이사를 하거나 건물을 지을 때에도 반드시 신에게 물어보던 당시 상황을 엿보게 하는 글자로 신성시 되는 화살이 꽂힌 자리에 건물을 세우거나 제단을 세우는 것은 곧 신의 의지요 신의 계시로 본 것임을 알 수 있다.

④ 중국의 자금성이 그렇게 지어졌다는 기록도 있다.

질문 15) - 군대(軍隊)의 군사 군(軍)자에 대한 설명으로 옳은 것은?

① 수레(車)에 뚜껑(冖)을 덮어 오늘 날의 군용트럭처럼 병거로 사용하던 모습에서 '군'과 관련된 용어가 되었다.
② 병거(兵車)는 군인을 나르거나 전쟁 수행 물자들을 나르는 '전쟁에 사용되던 수레'를 말하는 것으로 덮을 멱(冖)자가 군(軍)자에 들어가 있는 것은 바로 일반 수레들에 뚜껑을 덮어 오늘 날로 말하면 군용트럭과 비슷한 용도로 사용했음을 알려준다.
③ 그러한 이유에서 운반(運搬)의 돌 운(運)자도 탄생한 것이다. 즉 병거(軍)가 군인이나 물자를 싣고 전쟁터로 가는(辶) 모습에서 '돌 운(運)' 자가 만들어졌을 것이다.
④ 지휘(指揮)의 휘두를 휘(揮)자 역시 손(扌)에 든 지휘봉 등을 휘두르거나 가리키면서 군인(軍人)이나 부대 등을 여기저기로 보내는 장면에서 만들어진 글자임을 알 수 있다.
⑤ 군사 군(軍)자는 덮개(冖)가 있는 병거(兵車)의 모습을 본뜬 글자로 진시황제에 의해 '군사'의 뜻을 갖게 된 글자이다.

질문 16) - 매울 신(辛)자에 대한 설명으로 틀린 것은?

① 문신을 새기는 송곳처럼 새긴 도구였을 것이다.
② 사람의 몸에 문신을 새길 때 고통이 따름으로 '맵다'의 뜻이 파생되었다. 마치 매운 고추를 먹을 때 눈물 나듯이 문신을 새기거나 찔림을 당할 때의 고통으로 눈물을 흘리게 된다하여 '맵다, 고통스럽다' 등의 뜻이 파생되었다.
③ 죄수를 벌할 때 문신을 새기듯 형구로 찔러 고통을 가하므로 매울 신(辛)자에는 '죄수나 포로' 등과 같은 뜻도 들어 있다.
④ 신(辛)라면의 신(辛)자는 '고통스럽다'의 뜻으로 이해해야 한다.

질문 17) - 가장 원시적인 주거형태에서 만들어진 글자는?

① 면(宀)　　　② 혈(穴)　　　③ 엄(广)　　　④ 고(高)

질문 18) - 가을 추(秋)자에 대한 설명으로 옳은 것은?

① 벼 화(禾)자와 불 화(火)자의 합자이다.
② 불 화(火)자가 들어가 있는 것을 보면 벼농사를 지을 땅은 반드시 불로 땅의 잡초나 초목을 태운 다음 만들었음을 알 수 있다.
③ 가을철에 벼가 익어가는 모습을 '들판이 불탄다, 황금 들녘' 등으로 표현 하듯이 불 화(火)자는 벼가 잘 익은 계절을 나타내기 위해 의미요소로 사용된 글자이다.
④ 벼(禾)를 익혀서 즉 불(火)을 때서 반드시 요리를 해서 먹어야 한다고 해서 불 화(火)자가 들어간 것이다.

질문 19) - 아동(兒童)의 아이 아(兒)자에 대한 설명으로 옳은 것은?

① 절구 구(臼)자와 사람 인(儿)자가 합쳐진 글자이다.
② 현재의 글자는 분명히 절구 구(臼)자처럼 생겼지만. 옛 그림은 땋은 머리카락이 강조된 사람임을 알려준다. 그러한 머리를 하고 있는 사람들이 주로 아이들이었기에 아이 아(兒)자가 된 것이다.
③ 절구 구(臼)자가 사용 된 것을 보면 어린아이들은 어른과 비교해서 머리에 든 것이 적다하여 이 글자가 만들어졌을 것이다.
④ 양손 국(臼)자와 꼴이 비슷하다. 실제로 양손 국(臼)자가 단독으로 사용되지도 못하며. 타 글자와 합쳐질 때 분명하게 글자가 둘로 나뉘어서 표기되지 못함으로 인해 두 글자 모두 함께 쓰일 경우가 많다. 그러나 옛 글자나 그림을 보면 두 글자는 완전히 다른 글자임을 알 수 있다.

질문 20) - 콩 두(豆)자에 대한 설명으로 옳은 것은?

① 콩의 생김새를 보고 만들었기에 '콩'의 뜻을 갖게 된 글자로 주로 '콩'의 뜻으로만 사용된다.
② 머리가 볼록하고 가운데가 홀쭉한 굽 높은 제기(祭器)나 제단의 모양을 본뜬 글자로서 원 뜻은 제기나 제단이고 그 모양이나 발음으로 인해 훗날 '콩'의 뜻이 첨가되었을 뿐이다.
③ 그래서 등산(登山)의 오를 등(登)자에 제기/콩 두(豆)자가 들어가 있는 것이다.
④ 오를 등(登)자는 제물이 담긴 제기(祭器)를 들고 제단에 오르는 모습에서 '오르다'의 뜻을 갖게 되었으므로 두(豆)자가 제기(祭器)와 같은 그릇을 본 떠 만든 글자라는 것을 알 수 있다.

질문 21) - 아래의 설명 중 틀린 것은?

① 미인(美人)의 아름다울 미(美)자는 아마 멋진 양의 뿔로 장식을 한 장정의 모습이거나 통통하고 살찐 양의 모습을 본뜬 글자일 것이다. 이 외에도 양을 어깨에 들쳐 메고 있는 장정의 모습을 본뜬 것이라는 설도 있다.
② 양 양(羊)자는 양(羊)처럼 살찐 사람(大)을 미인으로 여겼음을 알려주는 글자이다.
③ 특별(特別)하다의 특별할 특(特)자는 소 우(牛)자와 절 사(寺)자의 합자이다.
④ 특(特)자를 보면 옛날 절에서는 소를 잡아먹었음을 알 수 있다.

질문 22) - 별/때 신(辰)자에 대한 설명으로 틀린 것은?

① '별, 때, 지지' 등의 훈을 가지고 있으나 이 글자는 조개를 본떠 만든 글자이므로 어류 쪽에 포함된다.
② 농사(農事) 농(農)자를 보면 대왕조개 같은 것으로 추수할 때 낫 대용으로 사용했음을 알 수 있다. 따라서 신(辰)자는 조개를 본뜬 글자가 틀림없다.
③ 일월(日月)성신(星辰)에서 보듯 신(辰)자는 별을 본뜬 글자이다.
④ 신(辰)자가 별의 뜻으로 사용되는 경우는 많지 않고 주로 조개의 뜻으로 더 많이 사용된다.

질문 23) - 고기 육(肉)자에 대한 설명으로 틀린 것은?

① 단독으로도 사용되지만 타 글자와 합쳐질 때는 모두 달 월(月)자의 꼴을 하게 된다.
② 달 월(月)자가 들어있는 글자가 고기 육(肉)의 의미로 사용될 경우 육 달 월이라 부르기도 한다.
③ 부패(腐敗)의 썩을 부(腐)자는 관청/곳집/마을 부(府)자와 고기 육(肉)의 힙자이므로 관청 등에 고기를 뇌물로 주는 것이 관행이거나 당시 풍습이었음을 알려준다.
④ 냉장고가 없던 시절 고기(肉)는 쉽게 상할 수 있었으므로 뇌물 등으로 부패한 관청과 합쳐서 부패(腐敗)의 썩을 부(腐)자를 만들었을 것이다.

질문 24) - 안개 무(霧)자에 대한 설명으로 옳은 것은?

① 힘쓸/일 무(務)자와 비 우(雨)자를 합쳐 놓은 글자이다.
② 안개 낀 날은 앞으로 나아가기 힘들므로 힘쓸/일 무(務)자를 의미요소 겸 발음으로 이용했을 것이다.
③ 안개 낀 날은 힘들게 일하지 않았으므로 힘쓸/일 무(務)자를 의미요소 겸 발음으로 이용했을 것이다.
④ 안개도 일종의 자잘한 비의 일종이므로 비 우(雨)자도 의미요소로 작용하고 있다.

질문 25) - 장례(葬禮)의 장사지낼 장(葬)자에 대한 설명으로 옳은 것은?

① 죽은 사람을 풀숲, 숲속에 묻었음을 알려준다.
② 수풀 우거질 망(茻)자와 죽을 사(死)자가 합쳐진 글자이다.
③ 풀(艹) 즉 꽃으로 단장한 상여(死)를 많은 사람들이 들고(廾) 나르는 모습을 본뜬 글자이다.
④ 찰 한(寒)자에도 장사지낼 장(葬)자와 똑같은 수풀 우거질 망(茻)자가 들어 있다.

질문 26) - 책방(册房)의 책 책(册)자에 대한 설명으로 틀린 것은?

① 대(竹)를 얇게 만들어 그 위에 글을 써서 엮어 책을 만들었음을 알려주는 글자이다.
② 후사(後嗣)의 이을 사(嗣)자에도 책 책(冊)자가 들어 있는 것으로 보아 족보를 맡을 사람이 곧 후사라는 사실을 강조한 글자이다.
③ 사전(辭典)의 법 전(典)자는 책 책(冊)자와 양 손 공(廾)자의 합자로 책을 들고 있는 모습을 본뜬 글자이다.
④ 책 책(冊)자는 엮어놓은 울타리를 본떠 만든 글자이다.

질문 27) – 아래의 해설 중 틀린 것은?

① 일 사(事)자나 작을 소(小)자에는 갈고리 궐(亅)자가 들어 있다.
② 갈고리 궐(亅)자는 갈고리의 뜻을 갖는다.
③ 갈고리 궐(亅)자나 삐침 별(丿), 점 주(丶)자 등은 별 뜻 없이 그냥 부호나 기호로 사용되는 글자이므로 이런 글자들을 볼 경우 고정 의미가 아니라 무엇을 뜻하는 부호인지 파악하는 것이 더 중요하다.
④ 또 차(且)자의 부수자는 한 일(一)자이지만 한 일(一)과는 아무런 관련이 없다.

질문 28) – 세모(歲暮)의 저물 모(暮)자와 암흑(暗黑)의 어두울 암(暗)자에 대한 설명으로 틀린 것은?

① 저물 모(暮)자가 암(暗)자 보다 더 어두운 시간대를 나타내는 글자이다.
② 어두울 암(暗)자가 저물 모(暮) 보다 더 어두운 시간대를 나타내는 글자이다.
③ 어두울 암(暗)자는 시간대와 관계없이 어둠을 나타내기 위해서도 사용된다.
④ 저물 모(暮)자는 해가 서산으로 넘어가거나 넘어가 없어졌음을 알려주는 글자이다.

질문 29) – 손에 해당하는 글자가 들어가 있지 않은 글자는?

① 학습(學習)의 배울 학(學)
② 필기구(筆記具)의 붓 필(筆)

③ 노병(老兵)의 군사 병(兵)
④ 아동(兒童)의 아이 아(兒)

질문 30) - 음(音)이 같은 글자끼리 묶여진 것은?

① 亡/望/盲
② 音/飮/暗
③ 水/首/收
④ 靑/聽/情

답안지 및 문제 해설집

한자조자의 원리

사람편

* **사람 1강**

1. ③
2. ①
3. ③, 표음문자(表音文字)는 글자에 뜻이 없고 소리 값만 있는 것을 말하므로 영어나 한국어 등이 여기에 속한다. 한자는 그림글자이므로 글자 자체에 뜻이 있는 글자이므로 표의문자(表意文字)라고 한다.

* **사람 2강**

1. ④
2. 틀린 답이 없다, 모두 맞는 말이다.
3. ①, 터럭 삼(彡)자는 잔털을 본뜬 글자이다.
4. ②, 이을 계(系)자는 머리카락이 아니라 실이나 끈을 이어놓은 모습이다.
5. ④, 하례 하(賀)자의 아랫부분은 머리 혈(頁)자가 아니라 조개 패(貝)자이다.

* **사람 3강**

1. 틀린 답이 없음, 모두 맞는 내용이다.
2. 틀린 답이 없다, ①은 모두 눈과 관련이 있고, ②, ③은 입의 기능과 관련이 있으며, ④는 얼굴에 있는 부품을 가리키는 글자이므로 모두 정답이다.
3. ④

* **사람 4강**

1. 틀린 답이 없다, 모두 맞는 내용이다.
2. ③, ④
3. ④, 나머지는 모두 육(肉) 달 월(月)의 의미로 사용되고 있지만, ④만 원 뜻이

'달'의 의미로 사용되고 있다.

* 사람 5강

1. 답이 없다, 모두 손과 관련된 글자들이다.
2. ③
3. ④, 사례할 사(謝)자에 들어 있는 마디 촌(寸)자가 손과 관련된 글자이다.
4. ④, 승(承)자의 양 옆 글자가 손/또 우(又)자의 생략형이며 승(承)자의 아랫부분은 손 수(手)의 변형이다. 따라서 손이 3개 들어가 있는 글자이다.

* 사람 6강

1. ①, 칠 복(攵)자는 손에 몽둥이를 들고 있는 모습을 본뜬 글자이다.
2. ②, 나머지는 모두 발과 관련된 글자이나 ②는 사람을 가리키는 글자이다.
3. 틀린 답이 없다, 모두 맞는 해설이다.
4. 모두 옳다, 틀린 해설이 없다.

* 사람 7강

1. ③, ①은 '사람 인'으로 불리는 글자이고, ②는 명칭은 다르지만 다 사람을 뜻하는 글자이고, ④ 역시 모두 손을 가리키는 글자이지만, ③은 대(大)와 립(立)자는 사람을 의미하는 글자이지만, 천(天)자나 태(太)자가 꼭 사람을 뜻하는 글자가 아니므로 ③이 공통점이 없는 글자들의 조합이다.
2. ③, 사람 인(人)처럼 생긴 글자가 모두 다 '사람'을 뜻하는 것은 아니지만, ①, ②, ④는 '모으다, 모이다'의 뜻을 갖는 삼합 집(亼)이 들어가 있는 반면에 래(來)자는 보리나 이삭을 옆에서 본 모습을 본뜬 글자이므로 ③에 들어가 있는 인(人)자의 의미가 다른 것들과 다르다고 볼 수 있다.
3. ①, ②
4. ①

* 사람 8강

1. ①, ②, ④, 사(巳)자는 뱀을 뜻하는 글자가 아니며, 사(厶) 역시 뱀을 본뜬 글자가 아니다. 그리고 사(厶)자는 개인을 뜻하기보다 여러 가지 뜻이 있는 글자이나 갓 태어난 아기의 뜻으로 쓰이기도 하는 글자이다. 따라서 ③을 제외하고는 모두 틀린 해설이다.
2. ④
3. ③, 연로한 부모님을 등에 업고 있는 모습을 본뜬 글자는 효도(孝道) 효(孝)자이다.

삶편

＊ 삶 1강

1. 모두 옳은 답이다.
2. ①
3. 틀린 답이 없다, 모두 옳은 해설이다.
4. 틀린 답이 없다, 모두 옳은 해설이다.

＊ 삶 2강

1. ④
2. ③, ④
3. 모두 정답이다.

＊ 삶 3강

1. ②, 실로 천을 만들어 그 천을 옷감으로 사용해서 옷을 만든다.
2. ①
3. 모두가 옳은 해설이다.
4. ④, 오늘날에는 붓을 사용하는 경우가 많지 않으므로 최고의 필기구라 할 수 없

다.

* 삶 4강

1. ②, 동굴의 입구를 본뜬 글자인 혈(穴)자는 혈거(穴居)생활을 엿보게 한다.
2. ④
3. ①
4. ①, 부서 부(部)나 고을 군(郡)에서 보듯 글자의 오른 편에 온다.

* 삶 5강

1. 모두 연관성이 있는 글자들로 엮어져 있어 정답이 없다.
2. 5번, 꼴이 같다고 항상 같은 뜻은 아니다. 말 마(馬)자나 고기 어(魚)자에 들어 있는 글자(灬)는 불 화(火)를 뜻하는 글자가 아니다.
3. ①, ③

삶 6강

1. ②, ③, ④, 장군들이 사용하던 그릇이어서 '장군'의 뜻을 갖게 된 것이 아니다.
2. ①, ②, ④, 머리에 든 것이 적다하여 만들어진 글자가 아니다.
3. ④, 완전히 다른 글자라고 볼 수는 없다, 모두 솥을 본뜬 글자이므로 공통분모가 많은 글자이다.
4. ②, ③, ④

자연편

* **자연 1강**

1. ③
2. 모두가 옳은 해설이다.
3. ②, ④

* **자연 2강**

1. 모두 옳은 해설이다.
2. ③
3. ④, 다른 글자들은 모두 새의 날개와 연관되지만 ④는 발자국을 본뜬 글자이다.
4. 모두 옳은 해설이다.
5. ①, 모두가 다 육 달 월(月)로 바뀌는 것은 아니다. 부패(腐敗)의 썩을 부(腐)에서는 고기 육(肉)자가 원형 그대로 들어가 있다. 이 경우를 제외하고는 거의 모두 육 달 월(月)자를 쓴다.

* **자연 3강**

1. ①, ②
2. 모두 옳은 해설이다.
3. 틀린 답이 없다.
4. ①, ②, ④

* **자연 4강**

1. 모두 옳은 해설로 틀린 답이 없다.
2. ③, 장(葬)자의 아랫부분에 있는 공(廾)자처럼 생긴 글자는 양 손 공(廾)을 본뜬

글자가 아니라 수풀우거질 망(茻)자의 아랫부분을 뜻하는 글자이다. 글자의 조형미를 위해 변형시켜 놓았을 뿐이다.

3. ④
4. 모두 옳은 해설이다.

* **자연 5강**

1. ①
2. ①, 저물 모(暮)자는 서산의 숲속으로 지는 해를 본뜬 글자이므로 저녁 무렵을 뜻한다. 따라서 '어둡다'를 뜻하는 암(暗)보다 더 어두운 시간대를 나타내지는 않는다.
3. ③, ④
4. ②, 그냥 모양이 갈고리 같다하여 붙여진 이름일 뿐이다.
5. 다 옳은 해설이다.

종합테스트

1. ③   2. ③   3. ①   4. ④
5. ④   6. ④   7. ④   8. ④
9. ②   10. ③   11. ①   12. ③
13. ①   14. ④   15. ④   16. ④
17. ②   18. ③   19. ③   20. ①
21. ②   22. ③   23. ①   24. ③
25. ③   26. ④   27. ②   28. ①
29. ④   30. ③

편저자 약력

박 건 호

- 대입검정고시
- 고려대학교 농경제학과 중퇴
- 굿모닝 일본어, 중국어 대표 역임
- 분해조립식 한자 상·중·하 편저
- 편편한자 초급, 중급 편저
- 엔조이러닝 차이니즈 캐릭터 편저

한자지도사 자격시험대비서

한자지도사 편람

2013년 8월 7일 인쇄
2013년 8월 12일 발행

편저자 : 박 건 호
발행인 : 김 미 아
발행처 : 圖書出版 漢樹
주 소 : 서울·성동구 행당동 286-64
전 화 : 02-2299-2387
신고번호 : 제303-2003-000031호

※ 파본 및 낙장본은 교환하여 드립니다.
※ 발행인의 승낙이 없는 무단전재나 복제를 금합니다.

〈정가 22,000원〉